JN021329

2分で読解力ドリル

西隈 俊哉・著

Gakken

はじめに

私たちはなぜ「読む」ということをするのでしょうか?
決して、国語の授業やテストのためだけに読んでいるのではありません。
生活の中で、私たちは「読む」ということをしています。

例えば、スマートフォンの画面に、自分の好きな俳優が映画の主演に決まった、
というニュースが流れてきたとしましょう。
どんなストーリーなのか、いつ公開されるのか、いろいろ知りたいですよね。
詳しいことが書かれているとしたら、
ニュースの中の情報をきちんと読み取りたいと思うことでしょう。

また、私たちは、情報を手に入れるためだけではなく、
誰かほかの人に伝えるためにも「読む」ということをしています。
そのとき、間違った内容を伝えたとしたら、相手は困ってしまいますよね。

間違った内容を伝えないようにするためには、「正しく読む」ということが大事です。
そのためには、多種多様な文章を読むことによって、
文章の理解をスムーズにすることが必要です。
こうして身についた力が、「読解力」となります。

近頃、AI（人工知能）が文章を理解できるようになってきました。

しかし、読み誤りをする点もまだあり、人間を上回るところまでは来ていません。

だからといって、私たち人間が何もしないでいたら、

AIの持つ読解力に追い越されてしまうときが来るかもしれません。

こうした時代を生きるためにも、「読解力」を磨くことは大事です。

また、忘れてはいけないのは「文章を読むことだけが読解ではない」ということです。

案内文や地図、図表といった生活にあふれるモノから情報を手に入れるため、

誰かほかの人に伝えるために、「読む」ということをしているのです。

つまり、私たちは生きる上で、生活していく上で、「読解力」が必要なのです。

この本は、そういった「読解力」を身につけるためのドリルです。

「多種多様なものを多く読む」ということを目指すために、

「読解力」を5つの要素に分け、たくさんの問題を用意しました。

スムーズな理解を目指すために、2分という時間も設けました。

「読解力」はすべての人に必要な力なので、対象年齢を10歳～120歳とし、

問題には小学４年生以上の配当漢字にルビを振っています。

すべての問題を解いた後は、きっと読解力がアップしていることでしょう。

西隈 俊哉

2分で
読解力ドリル

目次

第3章 図表読解

第4章 論理読解

第5章 接続読解

読解力を5つの要素に分解！

読解力とは、与えられた文章から要点や書き手の意図などを読み取る力のことです。すべての基本となる能力といっても過言ではありません。この本では、読解力を5つの要素に分類しています。

- 基本読解（Basic）……………… 文章の本質をつかむ。
- 指示読解（Point）……………… 指示されている物事を理解する。
- 図表読解（Graphic）…………… 図や表などの意味を理解する。
- 論理読解（Logic）……………… 文章の筋道を理解する。
- 接続読解（Connection）……… 言葉や文章を結び付ける。

それぞれの要素について、簡単に紹介しましょう。

TYPE 1  基本読解

読み取る

読解では、文章や図表などを読み、内容をつかまなくてはなりません。文字通りに読むだけでなく、隠された本質を読むことが大切です。こうした力は、文章だけでなく、会話や芸術など、広く役立つ能力です。基本読解は、生きていくための基礎となる力なのです。

BASIC

TYPE

2 指示読解

対応をつかむ

これ、それ、あれ…といった、前に出た内容を示すために使われる言葉は、指示語と呼ばれます。しかし、ときには、指示語がないにもかかわらず、何かを指していることもあるのです。指示読解は、言葉の対応関係を適切にとらえる力です。

TYPE

3  図表読解

情報を抜き出す

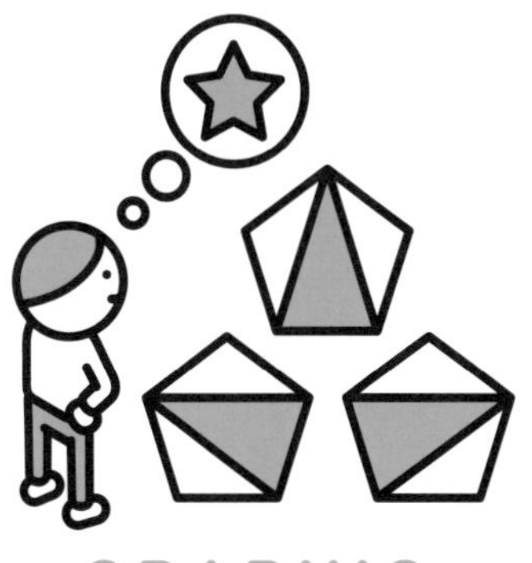

GRAPHIC

図や表は、多くの情報をわかりやすく整理するために使うものです。一見してわかった気になっても、よくよく見てみるとわからないということもあります。図表を正しく見つめ、意味を読み取っていく力が、図表読解です。

TYPE 4

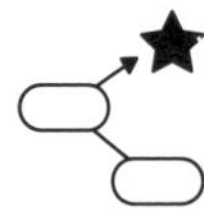

論理読解

→筋道をたどる

論理とは、文章や会話がたどっていく筋道のことです。この筋道をたどることで、正しく意味を理解したり、次の言葉を生み出したりすることができます。ですが、論理が複雑になると、筋道をたどることが難しくなります。こうした筋道を見極める力が、論理読解です。

LOGIC

TYPE 5

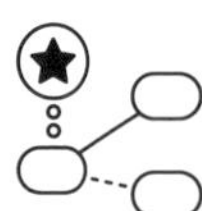

接続読解

→言葉をつなぐ

言葉はほかの言葉と結び付くことで、意味を作り出します。読解とは、言葉と言葉の関係を解きほぐしていく作業ともいえるのです。この関係を読み間違えると、まったく意味が違ってしまうこともあるでしょう。接続読解は、言葉をつなぎ合わせていくための力です。

CONNECTION

1

BASIC

第1章 基本読解

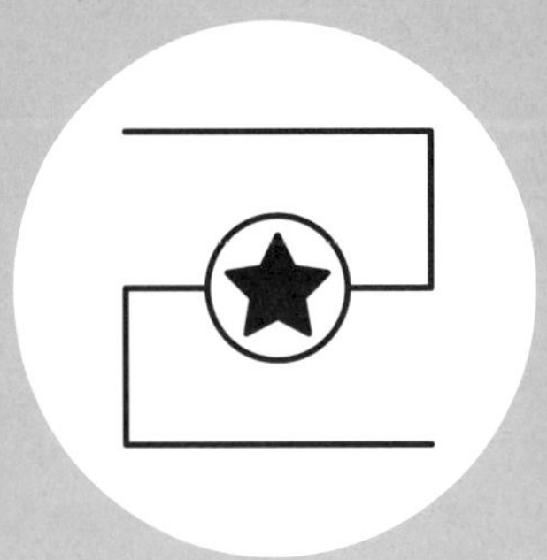

第1章 基本読解

文章の本質(ほんしつ)をつかむ

01 漢字で書くと？

Q1

韓国料理といえばビビンバ、トッポッキなどいろいろあるが、韓国に来たら絶対に食べておきたいのが本場の焼肉だ。炭火でじっくりと焼いたカルビ、鉄板でこんがりと焼いたサムギョプサル、ざく切りの野菜と炒めた甘辛いタッカルビなど、焼肉だけでもさまざまな種類があって、どれを食べたらいいのかと迷ってしまう。

問 筆者がすすめている韓国料理を含んでいるものを、すべて選びなさい。

Ⓐ ビビンバ、サムギョプサル
Ⓑ トッポッキ、ビビンバ
Ⓒ 焼肉

Q2

国の名前を漢字１文字で書き表すことがある。中国を「中」、韓国を「韓」と略すだけでなく、イギリスを「英」、アメリカを「米」のように、カタカナの国名も漢字で表される。漢字は中国から伝わったものなので、中国でも同じように漢字１文字で国名を表すことがあるが、日本と中国で表記が異なる国もある。たとえば、「中」や「韓」、スペインを「西」と表すのは、日本も中国も同じである。その一方で、日本ではフランスを「仏」、ドイツを「独」と表すが、中国ではそれぞれ「法」、「徳」と表す。ちなみに、中国ではアメリカを「美」と表す。

問 上の文章の内容と一致するものを、すべて選びなさい。

Ⓐ フランスとドイツの漢字１文字での表記は、日本も中国も同じである。
Ⓑ アメリカとフランスの漢字１文字での表記は、日本と中国では異なる。
Ⓒ イギリスとスペインの漢字１文字での表記は、日本と中国では異なる。

２分読んで、答えが決まったら次のページへ

Q1 答え A・C

「**韓国に来たら絶対に食べておきたいのが本場の焼肉だ**」と書かれているので、筆者は焼肉をすすめています。ここから、Ⓒが正しいことはすぐにわかります。そして、焼肉の種類として、カルビ、サムギョプサル、タッカルビを紹介しているので、サムギョプサルを含んだⒶも正しいことになります。

Q2 答え B

Ⓐについて、フランスとドイツは、本文で表記が異なるものの例として挙げられているので、内容が一致しません。Ⓑについて、フランスはⒶの説明の通りです。アメリカは、本文の「**アメリカを『米』**」という部分と「**ちなみに、中国ではアメリカを『美』と表す**」という部分を見比べれば、表記が異なるとわかりますね。よって、Ⓑは本文と一致しています。Ⓒについては、イギリスを「英」と表すことは書いてありますが、中国と表記が同じなのか異なるのかまでは、本文では触れられていません。また、スペインは中国と表記が同じものの例として挙げられているので、Ⓒは本文と一致しないことがわかります。

02 体温計

Q1

天王洲は、東京にあるJR品川駅の東南約1 kmに位置する広さ約20 haの埋立地※である。周りを海に囲まれた島状の地域で、英語で「小島」の意味をもつ「アイル」をつけた「天王洲アイル」という愛称もよく知られている。この地域は夜になると都会的な夜景が美しいことで知られている。

※　海や川などを土砂でうめて造った人工的な陸地。

問 上の文章の内容と一致するものを、すべて選びなさい。

Ⓐ 天王洲は島状の埋立地である。
Ⓑ 天王洲アイルは、天王洲から約1 km離れた人工の島である。
Ⓒ 天王洲から東南約1 kmの場所は、都会的な地域である。

Q2

おでこに近づければ計測できる、肌に触れない非接触式の体温計を見かけることがあります。脇にはさんだり口に入れたりするわずらわしさもなく、計測終了までに時間がかかることもないので、とても便利なものです。しかし、皮膚の表面の温度から体温を予測しているため、ずれが大きいという短所があります。皮膚の表面の温度は気温や室温に左右されるため、外気の影響を受けにくい脇や口の中の温度に比べて、誤差が出やすいといわれています。

問 上の文章の内容と一致するものを、すべて選びなさい。

Ⓐ 非接触式の体温計は、気温から皮膚の表面の温度を予測して計測する。
Ⓑ 非接触式の体温計は、脇にはさむ接触式の体温計より計測の時間が短い。
Ⓒ 脇や口の中の温度は、外気の影響を受けやすい。

2分読んで、答えが決まったら次のページへ

Q1　答え Ⓐ

Ⓐは、本文に天王洲の特徴として「**埋立地**」「**島状の地域**」といった内容が書かれているので、一致しているといえます。Ⓑは、本文の「**『天王洲アイル』という愛称もよく知られている**」という部分から、「天王洲アイル」は天王洲の別名であることがわかります。同じ場所が「約1km離れ」ているのはおかしいので、Ⓑは本文と一致しません。Ⓒは、本文に「**天王洲は、東京にあるJR品川駅の東南約1kmに位置する**」と書いてありますが、「天王洲から東南約1kmの場所」については、どこにも書いてありません。よって、本文とは一致しません。

Q2　答え Ⓑ

Ⓐについては、本文に「**皮膚の表面の温度から体温を予測している**」と書かれています。「気温から皮膚の表面の温度を予測」するわけではありませんね。よって、Ⓐは本文と一致しません。Ⓑについては、「**計測終了までに時間がかかることもない**」の手前に「**脇にはさんだり口に入れたりするわずらわしさもなく**」と書かれていることから、これらの説明は、非接触式の体温計のことだとわかります。よって、Ⓑは本文と一致します。Ⓒについては、「**外気の影響を受けにくい脇や口の中の温度**」という説明と反対のことをいっているので、本文と一致しません。

03 歯医者さんの暗号

Q1

学校などで歯科健診を受けたときにCOという結果が出ることがあります。COとは「要観察歯」と呼ばれ、虫歯になる前の状態を指します。放置した場合、1年後にはその3割程度が虫歯に進行してしまうといわれています。そのため、COと診断された場合は、歯科医院で歯みがき指導や生活指導を受け、フッ素を使って予防したり定期健診を続けたりして、虫歯に進行するのを防ぎましょう。

問 上の文章の内容と一致するものを、すべて選びなさい。

Ⓐ COと診断された歯は、1年後にはその3割程度が確実に虫歯に進行してしまう。
Ⓑ COとは、虫歯に進行してしまい、観察が必要な歯のことである。
Ⓒ COは、予防や健診を続けることで、虫歯に進行するのを防ぐことができる。

Q2 **これは、A市が提供する住宅の申し込みの案内を記載した広報の一部です。**

A市では、市営特定賃貸住宅・市営定住支援住宅の入居者※1を募集中です。市内居住者※2はもちろん、市外居住者、単身者※3も申し込むことができます。ただし、申し込みには収入面での条件があります。また、市営定住支援住宅は家賃補助申請書の写しがないと申し込むことができません。

※1 アパートなどに入って住む人。 ※2 市内に住んでいる人。 ※3 1人で暮らす人。

問 上の文章の内容と一致するものを、すべて選びなさい。

Ⓐ 市営定住支援住宅の申し込みには、家賃補助申請書の写しが必要である。
Ⓑ 市営特定賃貸住宅には、現在、市外に住んでいる人だけが申し込みできる。
Ⓒ 市営特定賃貸住宅には、いつでも、誰でも住むことができる。

2分読んで、答えが決まったら次のページへ

Q1 答え Ⓒ

Ⓐと Ⓑは、本文の「**放置した場合、１年後にはその３割程度が虫歯に進行してしまう**」に注目します。これは、COと診断されたのに何も対策をとらなかったときの場合ですね。よって、Ⓐは本文と一致しません。Ⓑについては、「**放置した場合**」に「**虫歯に進行してしまう**」のですから、現在はまだ「虫歯に進行してしまい、観察が必要」とはいえません。本文の「**虫歯になる前の状態**」という部分からもわかりますね。よって、Ⓑも一致しません。Ⓒは、本文に同様のことが書いてあります。「**防ぎましょう**」ということは「防ぐことができる」ということです。

Q2 答え Ⓐ

Ⓐについては、本文に「**家賃補助申請書の写しがないと申し込むことができません**」とあります。これは「家賃補助申請書の写しが必要」と同じ意味なので、本文と一致します。Ⓑについては、「**市内居住者はもちろん、市外居住者、単身者も申し込むことができます**」とあります。市内に住んでいる人も申し込みできるので、本文と一致しません。Ⓒについては、「**申し込みには収入面での条件があります**」とあります。条件に合わない人は申し込みできないということですから、「誰でも」とはいえません。

04 ハリモグラの呼吸

Q1

通常、「人」「人間」と呼ばれているホモ・サピエンスと、「ネアンデルタール人」と呼ばれているホモ・ネアンデルターレンシスでは、後者のほうが、大きい体と強い力をもっていた。しかも、脳の容量がホモ・サピエンスよりも多かった。その優れた体力と知性のため、他人と集団を作る必要があまりなかったといわれている。一方でホモ・サピエンスは、つねに集団を作り、その中で工夫をくり返し、生きるすべを増やしていったのである。結果として、ホモ・ネアンデルターレンシスは約３万年前に絶滅し、その後はホモ・サピエンスが全世界に広がることになる。

問 上の文章の内容と一致するものを、すべて選びなさい。

Ⓐ ホモ・ネアンデルターレンシスよりホモ・サピエンスのほうが体力が優れていた。
Ⓑ ホモ・ネアンデルターレンシスよりホモ・サピエンスのほうが知性が優れていた。
Ⓒ ホモ・ネアンデルターレンシスよりホモ・サピエンスのほうがよく集団を作っていた。

Q2

ハリモグラはほ乳類だが、卵を産むという変わった特徴をもつ。これは、カモノハシと同様である。さらに、地中で呼吸をするという特徴ももつ。なぜ地中で呼吸できるのだろうか。ハリモグラは、同じ大きさのほかのほ乳類と比べて、必要とする酸素の量が少なく、はき出す二酸化炭素の量も少ない。また、穴を掘り進めたあとの土はやわらかく、空気を通す。これらのことから、地中でも窒息せずに生きられるのである。

問 上の文章の内容と一致するものを、すべて選びなさい。

Ⓐ ハリモグラとカモノハシは、卵を産むほ乳類である。
Ⓑ ハリモグラが地中で呼吸できるのは、穴を掘ったあとの土のやわらかさと関係がある。
Ⓒ ハリモグラとカモノハシはほかの動物に比べ、必要とする酸素の量が少ない。

２分読んで、答えが決まったら次のページへ

Q1 答え Ⓒ

本文の「**後者のほうが、大きい体と強い力をもっていた**」の「後者」とは、ホモ・ネアンデルターレンシスのことを指しています。ホモ・ネアンデルターレンシスは、「**大きい体と強い力**」と「**優れた体力と知性**」をもっていたと書かれています。ここで比べられているのがホモ・サピエンスだということが読み取れれば、Ⓐと Ⓑは本文と一致しないとわかります。Ⓒについては、「**ホモ・サピエンスは、つねに集団を作り**」と書かれていることから、内容が一致しているといえます。

Q2 答え Ⓐ・Ⓑ

Ⓐについては、冒頭に「**ハリモグラはほ乳類だが、卵を産む**」と書かれていて、その直後に、同様の動物としてカモノハシが紹介されています。これより、Ⓐは本文と一致しているとわかります。Ⓑについて、本文ではハリモグラが地中で呼吸できる理由が２つ書かれています。１つは「**ほかのほ乳類と比べて、必要とする酸素の量**」が少ないこと、もう１つは「**穴を掘り進めたあとの土はやわらかく、空気を通す**」ということです。Ⓑは２つ目の理由と一致しています。Ⓒについては、本文でカモノハシが必要とする酸素の量に触れていないため、一致しません。

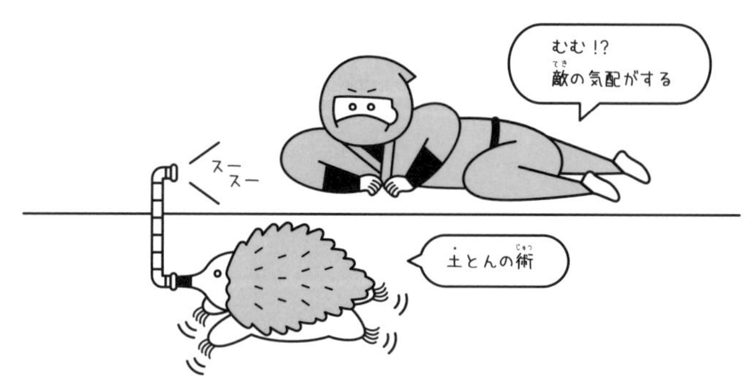

05 太陽の描き方

Q1

アメリカ人の子どもがお絵描きをしている。太陽を描くとき、黄色のクレヨンを使いはじめた。「えっ、赤じゃないの？」と驚く人もいるだろう。日本では、太陽の色といえば赤色をイメージする人が多いはずだ。しかし、ある本によると、黄色や赤のほかに、オレンジや白、金色で太陽を表す国もあるということだ。物のとらえ方が住んでいるところによって異なることは、実に興味深い。

問　上の文章の内容と一致しないものを、すべて選びなさい。

Ⓐ 太陽は、さまざまな色で描かれる。
Ⓑ 太陽を描くときの色は、金色や白、黄色などもある。
Ⓒ 太陽は、住んでいる場所によって異なる色に変わる。

Q2

病院で支払う医療費は、診療報酬制度というものに基づいて決まる。行われる治療や検査、使われる医薬品など、ひとつひとつに金額が定められていて、患者にどういう医療を行ったかを記録し、その合計を医療費として請求する。このとき、保険の対象になる医療費は、全国健康保険協会・健康保険組合などの保険者と保険加入者(患者)とで協力して支払うことになっている。「3割負担」というのは、健康保険に加入している患者が医療費の30%のみを負担することを指す。

問　上の文章の内容と一致するものを、すべて選びなさい。

Ⓐ 健康保険に加入している場合、医療費の3割は患者が支払う。
Ⓑ 医療サービスはひとつひとつに金額が定められていて、その30%が病院に入る。
Ⓒ 健康保険組合が医療費の総額を決定している。

2分読んで、答えが決まったら次のページへ

Q1 答え C

本文に「**黄色や赤のほかに、オレンジや白、金色で太陽を表す国もあるということだ**」と書かれているので、Ⓐ と Ⓑ は本文と一致します。Ⓑ については、色の順番が入れかわっていることに注意しましょう。Ⓒ については、「**物のとらえ方が住んでいるところによって異なる**」とは書かれていますが、これは、住んでいるところによって「太陽の色のとらえ方」が異なるという意味であり、場所によって太陽自体の色が変わるという意味ではないので、内容と一致しません。

Q2 答え A

Ⓐ については、本文の最後の一文にある「**健康保険に加入している患者が医療費の 30% のみを負担する**」という部分を読み解けば、内容が一致しているとわかります。Ⓑ については、「30%が病院に入る」という部分が間違っています。Ⓐ でも見た通り、30% は患者が支払う金額です。Ⓒ について、医療費は行った医療の内容によって決まることを踏まえれば、医療費の総額を決めるのは健康保険組合ではなく、病院側であることが読み取れます。よって、Ⓒ も一致しません。

※　実際には、患者の年齢などの条件によって、負担率が 30%でない場合もあります。

06 ルビと呼ぶワケ

Q1

漢字の読み方を示す「ふりがな」には、「ルビ」という呼び方もある。これは、宝石のルビーのことで、イギリスで印刷用の文字の大きさを宝石の名前で呼んでいたことに関係がある。イギリスでは約 1.6 mm 幅の文字をダイヤモンド、約 2.3 mm 幅の文字をエメラルドと呼び、その中間の約 1.95 mm 幅の文字をルビーと呼んでいた。実はこの順番、偶然にも、宝石の硬さの順番と同じなのである。

問 上の文章の内容と一致するものを、すべて選びなさい。

Ⓐ「ふりがな」も「ルビ」も宝石に関係のある言葉である。
Ⓑ イギリスでは、印刷に使う文字の大きさに宝石の名前をつけていた。
Ⓒ「ルビー」の発音が「ルビ」になったのは、1.6 mm 幅の文字をダイヤモンドといっていたからである。

Q2

昔、商業に関わる人々の大半は、住み込みで働いていました。「丁稚」というのは、10 歳前後で商家※に入ったときの位の名前です。丁稚は商家で働く人々と寝起きや食事をともにしながら、仕事を覚えていきました。仕事を覚えるほどに責任のある仕事を任せられるようになり、手代、番頭というふうに位が上がりました。番頭になると、自分の家から通うことが許されるようになります。なかには番頭になっても、そのまま商家で生活する人もいたそうです。

※ 商人の家。商店。

問 上の文章の内容と一致するものを、すべて選びなさい。

Ⓐ 丁稚は手代などと一緒に暮らしながら、仕事をしていた。
Ⓑ 位が上がると、商家の中での呼び名が変わった。
Ⓒ 番頭になると、自分の家から通わなければならなかった。

2 分読んで、答えが決まったら次のページへ

Q1　答え Ⓑ

Ⓐについては、本文に「**宝石の『ルビー』のこと**」とありますが、これは「ルビ」についての説明であり、「ふりがな」という言葉が宝石に関係があるとは書かれていません。よって、Ⓐは本文と一致しません。Ⓑは、本文の「**イギリスで印刷用の文字の大きさを宝石の名前で呼んでいた**」という部分をいいかえたものなので、内容が一致します。Ⓒについて、「ルビー」の発音が「ルビ」になったことと、1.6 mm幅の文字をダイヤモンドと呼んでいたことには関係がありませんね。

Q2　答え Ⓐ・Ⓑ

Ⓐは、「**丁稚は商家で働く人々と寝起きや食事をともにしながら、仕事を覚えていきました**」とあります。「寝起きや食事をともにする」は、「一緒に暮らす」とほぼ同じ意味なので、Ⓐは本文と一致します。Ⓑも、丁稚から位が上がった呼び名として手代、番頭が挙げられているので、本文と一致するといえます。Ⓒについては、「**自分の家から通うことが許される**」とありますが、「**なかには番頭になっても、そのまま商家で生活する人もいた**」ともあります。「自分の家から通わなければならなかった」というわけではないので、これは本文と一致しません。

07 プレゼント争奪戦

Q1

ご来店いただいたお客様、先着100名様に、そうめんまたはポップコーン豆のどちらかお好きなほうをプレゼントいたします。それぞれ50個ずつのご用意となりますので、どちらかがなくなった場合には選べません。あらかじめご了承ください。

問 上の文章の内容と一致するものを、すべて選びなさい。

A 先着50名まではそうめんがもらえ、51人目からはポップコーン豆がもらえる。

B 先着100名の買い物客は、両方のプレゼントをもらえるが、どちらかがなくなった場合には1つだけしかもらえない。

C 先着順にどちらかのプレゼントを選べるが、全員が希望通りにもらえるとは限らない。

Q2

私の町の家族介護慰労金制度では、申請日[※1]からさかのぼって1年以上前に要介護4[※2]または5に認定された人の家族を対象とし、1年以内に介護サービス（年間7日以内のショートステイ[※3]利用を除く）を利用せず、自宅で介護を行った場合に一定額の慰労金が支給される。

※1 申し込みを行った日。

※2 介護を必要とする度合いを表す数字。

※3 短期間、施設に入って受ける介護サービス。

問 2020年4月1日に家族介護慰労金の支給を申し込んだ家族のうち、慰労金を受け取れる家族をすべて選びなさい。

A 2019年5月1日にはじめて要介護4と認定された人の家族。

B 2019年3月30日に要介護4と認定され、2020年2月1日～2月5日の5日間ショートステイを利用した人の家族。

C 2019年2月1日に要介護5と認定され、2019年6月の1か月間介護サービスを利用した人の家族。

2分読んで、答えが決まったら次のページへ

Q1　答え　Ⓒ

Ⓐについて、そうめんとポップコーン豆はそれぞれ50個ずつありますが、最初の50名が全員そうめんを選ぶとは限らないため、本文と一致するとはいえません。Ⓑについても、「**そうめんまたはポップコーン豆のどちらか**」がもらえるのであり、両方もらえる人はいないので、一致しません。Ⓒの「どちらかのプレゼントを選べるが、全員が希望通りにもらえるとは限らない」というのは、本文の「**どちらかがなくなった場合には選べません**」という部分と同じ意味になります。

Q2　答え　Ⓑ

まず、1つ目の条件として「**申請日からさかのぼって1年以上前に要介護4または5に認定された人の家族**」である必要があります。申請日の1年前である2019年4月1日よりも前に認定されているのはⒷとⒸです。2つ目の条件は、「**1年以内に介護サービス（年間7日以内のショートステイ利用を除く）を利用せず**」とあります。Ⓒは1年以内に1か月間介護サービスを利用しているので、この条件にあてはまりません。Ⓑも1年以内に利用していますが、例外となっているショートステイ5日間の利用ですから、慰労金を受け取ることができます。

08 いざ展望台へ

Q1

足の膝からくるぶしまでの部分をすねという。骨がある前側を「むこうずね」というのはわかるが、筋肉がある後ろ側を「ふくらはぎ」というのはなぜだろうか。調べてみると、ふくらはぎというのは「ふくら」と「はぎ」に分かれるそうだ。はぎというのは、すねを表す古い言葉のようだ。そして、ふくらというのは「ふくらむ」の意味。つまり、「ふくらんでいるすね」ということになる。

問 上の文章の内容と一致するものを、すべて選びなさい。

- **A** すねは、むこうずねとふくらはぎに分けて呼ばれることがある。
- **B** ふくらはぎという言葉は、ふくらとはぎに分けて呼ばれていた。
- **C** ふくらはぎは、古くはふくらずねと呼ばれていた。

Q2

三重県の志摩半島をドライブした。ここは海岸線が入り組んでいるところで、「リアス海岸」または「リアス式海岸」と呼ばれている。この入り組んだ海岸線を広く眺めようと思って、展望台に行くことにした。展望台のすぐ近くまで車で行けるのがありがたい。駐車場に着き、展望台まで歩くこと数分。目の前に広がる風景は、本当に感動的だった。川のように見える海、島のように見える陸地。自然の壮大さを感じずにはいられなかった。

問 上の文章の内容と一致するものを、すべて選びなさい。

- **A** 筆者は展望台からリアス海岸を見て、自然の壮大さを感じなかった。
- **B** 筆者は展望台からリアス海岸を見て、風景に感動した。
- **C** 筆者はリアス海岸を眺めるために、車と徒歩で展望台へ行った。

2分読んで、答えが決まったら次のページへ

Q1　答え　Ⓐ

Ⓐは、「**前側を『むこうずね』という**」「**後ろ側を『ふくらはぎ』という**」とそれぞれ書かれているので、本文と一致しています。Ⓑについては、本文に「**調べてみると、ふくらはぎというのは『ふくら』と『はぎ』に分かれるそうだ**」と書かれています。意味として「ふくら」と「はぎ」に分けられるのであり、「分けて呼ばれていた」というわけではありません。これは本文と一致しません。Ⓒについても、「ふくらずね」という表現は本文のどこにもないので、一致しません。

Q2　答え　Ⓑ・Ⓒ

ⒶとⒷについては、本文に「**目の前に広がる風景は、本当に感動的だった。…自然の壮大さを感じずにはいられなかった**」と書いてあります。「**目の前に広がる風景**」とは、展望台から見ているリアス海岸のことです。Ⓐは、「**感じずにはいられなかった**」と「感じなかった」がまったく逆の意味なので、内容が一致しません。Ⓑは、風景が「**感動的だった**」ならば、その風景に「感動した」ことになるので、本文と一致します。Ⓒは「**駐車場に着き、展望台まで歩くこと数分**」とあります。筆者はドライブをしていたので、駐車場に車を置いて、徒歩で展望台まで行ったのですね。これは本文と一致しています。

09 どっちの「あさ」？

Q1

友人が「やわらかい肌ざわりの“あさ”のハンカチ」と言ったとき、違和感を覚えた。「あさ」の部分を「あ」を高く、「さ」を低く発音したのだ。その発音では「朝」になるので、「麻」なら「あ」を低く、「さ」を高く発音するべきだと友人に伝えた。友人は「えっ、そうなの？　いままで気づかなかった」と言った。普段の生活では互いの意図をくみ取り、意味が伝わりさえすれば、特に発音は気にしなくてもよいのかもしれない。

問 「あさ」の発音の説明として、正しいものをすべて選びなさい。

Ⓐ 高→低で発音すると「朝」になり、低→高で発音すると「麻」になる。

Ⓑ 高→低で発音しても低→高で発音しても意味は変わらないので、気にせずともよい。

Ⓒ 「麻のハンカチ」の「あさ」は低→高で発音するのがよい。

Q2

市区町村に対して個人が納めなくてはならない住民税は、納め方によって普通徴収と特別徴収の２つに分かれる。普通徴収とは、納税する必要のある人自身が納税する方法で、市区町村から送られる納税通知書にしたがって納めるものである。一方、特別徴収とは、企業などが、支払う給与から住民税を差し引き、納税する必要のある人の代わりに納めるものである。これはいわゆる「天引き」と呼ばれるパターンである。両者の違いは納め方だけで、住民税額に差はない。

問 上の文章の内容と一致するものを、すべて選びなさい。

Ⓐ 住民税の普通徴収と特別徴収では、納め方の違いはない。

Ⓑ 住民税の普通徴収と特別徴収では、税額の差はない。

Ⓒ 住民税の普通徴収も特別徴収も、天引きで納めることができる。

２分読んで、答えが決まったら次のページへ

Q1 答え Ⓐ・Ⓒ

Ⓐは、2文目から3文目の内容と一致しているので、正しいと判断できます。Ⓑについては、最後の文に「**気にしなくてもよいのかもしれない**」とありますが、その前に「**意味が伝わりさえすれば**」とあることに注意しましょう。意味が伝わるのは、聞き手が話し手の意図をくみ取っているからであり、「意味は変わらない」からではありません。よって、Ⓑは正しくありません。Ⓒについて、本文は「**麻のハンカチ**」の話でした。よって、「あさ」の部分を低→高で発音すれば、正しい言葉として表現することができます。Ⓒは正しい説明ですね。

Q2 答え Ⓑ

最後の「**両者の違いは納め方だけで、住民税額に差はない**」に注目しましょう。この「両者」というのは、普通徴収と特別徴収のことです。普通徴収と特別徴収では「納め方」は違うが、「住民税額」に差はないといっているので、Ⓐは本文の内容と一致せず、Ⓑは一致するとわかります。Ⓒについては、納税者自身が納めるものを普通徴収、給与から引かれ、企業などが代わりに納めるものを特別徴収と呼ぶことを読み取れれば、本文と一致しないことがわかります。

10 ビタミンをとるために

目標時間

Q1

ビタミンは体の健康に欠かすことのできない栄養素ですが、三大栄養素※には含まれません。でも、もしビタミンが不足すると、病気になったり、成長が遅くなったりします。日光を浴びることによって作られるビタミンDと、アミノ酸のトリプトファンから作られるナイアシンを除いて、ほとんどのビタミンは体内で作り出すことができません。そのため、主に食品からとって不足を防ぐ必要があります。

※　人間の体をつくり、エネルギー源となる栄養素。炭水化物・タンパク質・脂質の３つを指す。

問　上の文章の内容と一致するものを、すべて選びなさい。

A　体に欠かすことができない三大栄養素の一つとして、ビタミンが挙げられる。
B　ビタミンが不足すると、病気になるなどの影響が出るため、食品からとる必要がある。
C　ビタミンDとナイアシンは、体内で作り出すことができない。

Q2

インターチェンジ（IC）とは、立体交差する道路どうし、または近くを通る道路の間を連絡路によって立体的に接続する施設のことである。一般的に本線車線と変速車線および連絡路から成り、有料道路の場合には料金所が設置されることが多い。一方でジャンクション（JCT）は、高速道路どうしを直接接続するインターチェンジを指し、一般道路との出入りを目的とする通常のインターチェンジと区別するために使われている用語である。

問　上の文章の内容と一致するものを、すべて選びなさい。

A　IC と JCT は、道路どうしを接続する場所という点では同じものである。
B　高速道路どうしを直接接続する IC のうち、有料のものを JCT という。
C　JCT は、本線車線と変速車線および連絡路から成る。

２分読んで、答えが決まったら次のページへ

Q1　答え　B

最初の文から「ビタミンは三大栄養素には含まれない」ことがわかるので、A は本文と一致しません。通常、三大栄養素とは、炭水化物・タンパク質・脂質の3つを指します。B と C は、2文目以降に注目します。要約すると、「**ビタミンが不足すると、病気になったり**」しますが、「**ビタミンD**」と「**ナイアシンを除いて、ほとんどのビタミン**」は体内で作れないので、「**食品からとって不足を防ぐ必要**」がある、ということです。B は本文と一致しますね。C については、体内で作り出すことができないのは、ビタミンDとナイアシン以外なので、一致しません。

Q2　答え　A・C

まず、「IC＝インターチェンジ」と「JCT＝ジャンクション」をきちんと区別しましょう。IC は道路どうしを接続する施設、JCT は高速道路どうしを直接接続する IC です。どちらも道路どうしを接続するので、A は本文と一致します。また、IC の説明として「**有料道路の場合には料金所が設置されることが多い**」とあるため、B の「有料のものを JCT という」という説明は本文と一致しません。C は、本文の IC の説明と同じです。JCT は IC に含まれるもので、「本線車線と変速車線および連絡路から成る」ことは同じなので、本文と一致します。

11 SDGs

Q1

2015年9月の国連サミットで採択されたSDGs（持続可能な開発目標）とは、国連加盟193か国が2016年から2030年の15年間で達成するために掲げた17の目標である。そのうちの一つ、教育についての目標の一部を見てみよう。

まず、適切かつ有効な学習成果をもたらす、無償[※1]かつ公平[※2]で質の高い初等教育[※3]および中等教育[※4]を修了できるようにする。次に、質の高い幼児の発達・ケアおよび就学前教育にアクセスすることにより、初等教育を受ける準備が整うようにする。そして、安価で質の高い技術教育・職業教育および大学を含む高等教育への平等なアクセスを得られるようにする。これらを2030年までに、すべての子どもについて男女の区別なく達成することが目標となっているのである。

※1 無料であること。　※2 不平等やかたよりがないこと。　※3 日本では小学校を指す。
※4 日本では中学校・高校を指す。

問 上の文章の内容と一致するものを、すべて選びなさい。

Ⓐ SDGsでは2030年までの15年間に達成すべき17の目標が掲げられている。
Ⓑ 初等教育と中等教育では、適切で有効な学習成果を目指し、質の高い教育を行う。
Ⓒ 安価で質の高い技術教育・職業教育とは、大学を含む高等教育のことである。

2分読んで、答えが決まったら次のページへ

Q1 答え Ⓐ・Ⓑ

Ⓐは、最初の文に書かれている内容と一致します。Ⓑは、第２段落の「**適切かつ有効な学習成果をもたらす、無償かつ公平で質の高い初等教育および中等教育を修了できるようにする**」の部分を要約したもので、意味は変わりません。よって、本文と一致します。Ⓒについては、最後から２番目の文に「**安価で質の高い技術教育・職業教育および大学を含む高等教育への平等なアクセスを得られるようにする**」とあります。「技術教育」「職業教育」「大学を含む高等教育」の３つへの「平等なアクセスを得られるようにする」ということなので、Ⓒは意味が違ってしまいますね。

12 言葉が伸びちゃう

Q1

「03-1234-5678」という電話番号を言うとき、どうやって発音しているだろうか。「0」を「ゼロ」と言うか「れい」と言うかの話ではない。注目してほしいのは「2」と「5」である。本来は「に」「ご」と発音するはずなのに、電話番号を言う際には「にー」「ごー」と伸ばしていないだろうか。

曜日を続けて言う場合にも同じことが起きていて、火曜日の「火」、土曜日の「土」を発音する際にも「かー」「どー」と言っていることに気づく。ただし、土曜日は特殊で、「土、日」と並べて述べる際には「どー、にち」と伸ばして言うが、「土日」とまとめて週末の意味で述べる際には「どにち」と伸ばさずに発音する。

問 上の文章の内容と一致するものを、すべて選びなさい。

A 本来は伸ばして発音すべき「2」「5」が、伸ばさないで発音されることがある。
B 火曜日と土曜日と日曜日は、特殊な発音をもっている。
C 「土、日」と並べるときと「土日」とまとめるときとでは、発音が異なる。

2分読んで、答えが決まったら次のページへ

Q1　答え　Ⓒ

Ⓐについては、「**本来は『に』『ご』と発音するはずなのに、電話番号を言う際には『にー』『ごー』と伸ばしていないだろうか**」の部分に注目しましょう。「**本来は『に』『ご』と発音する**」と書かれているので、選択肢の「本来は伸ばして発音すべき」の部分と内容が一致しません。Ⓑについては、「特殊」が何を指すかがあいまいです。また、伸ばすか伸ばさないかという観点で考えた場合でも、「火」と「土」は特殊であるといえますが、その中に「日」は入らないので、本文と一致するとはいえません。Ⓒについては、「**並べて述べる際には『どー、にち』と伸ばして**」言い、「**週末の意味で述べる際には『どにち』と伸ばさずに発音する**」と最後の文に書かれています。よって、本文と一致します。

13 向いているのはどっち？

Q1

家電を使う際に欠かせないのが乾電池です。乾電池をよく見ると「アルカリ乾電池」と「マンガン乾電池」の２種類があることに気づきますが、何か違いはあるのでしょうか。実はこの２種類の電池は性能が大きく違い、それぞれの家電に合った使い方があります。そのため、使う家電によって、アルカリ乾電池とマンガン乾電池を使い分けたほうがよいのです。

アルカリ乾電池は、パワーと容量がともに大きく、マンガン乾電池の２～５倍程度長持ちします。そのことから、大きな電力を必要とする家電や、連続使用が必要な家電に向いています。ポータブルミュージックプレイヤー、LEDの懐中電灯、ワイヤレスマウスなどに使うとよいでしょう。

一方、マンガン乾電池は、パワーの面ではアルカリ乾電池に劣りますが、休み休み使うと電力が回復するという特長があります。このため、弱い電流で使用する家電や、スイッチのオンオフが多い家電に向いています。テレビやエアコンのリモコン、豆電球の懐中電灯、キッチンタイマーなどに使うとよいでしょう。

問 上の文章の内容と一致するものを、すべて選びなさい。

Ⓐ マンガン乾電池は、アルカリ乾電池よりもパワーの面で優れている。
Ⓑ 大きな電力を必要とする家電には、アルカリ乾電池が向いている。
Ⓒ 弱い電流で使用する家電には、マンガン乾電池が向いている。

２分読んで、答えが決まったら次のページへ

Q1 答え Ⓑ・Ⓒ

Ⓐは、本文に「**アルカリ乾電池は、パワーと容量がともに大きく、マンガン乾電池の2～5倍程度長持ちします**」と書かれているので、内容が一致しません。Ⓑは、アルカリ乾電池の説明として「**大きな電力を必要とする家電や、連続使用が必要な家電に向いています**」と書かれているので、本文と一致します。Ⓒも、マンガン乾電池の説明として「**弱い電流で使用する家電や、スイッチのオンオフが多い家電に向いています**」とあるので、本文と一致します。

14 「ん」の発音

Q1 これは、「ん」が唇を閉じて発音されるかどうかについての文章です。

「せんべい」や「あんみつ」の「ん」と、「まんじゅう」や「ようかん」の「ん」とでは、大きな違いがある。唇の動きに注意してみよう。前者のほうは「ん」と発音するとき唇を閉じているのに対し、後者は閉じていないはずである。

たとえば前者の「ん」を、唇を閉じないで発音しようと思うと、かなり大変である。どうしてこのようなことになるのだろうか。ここで注目すべきところは、「ん」の直後の「べ」「み」のような、バ行音、マ行音である。これらを注意深く発音してみよう。両方とも発音するときに一瞬だけ唇が閉じるのである。実はこの唇を閉じる動きが直前にある「ん」にまで影響するため、「まんじゅう」や「ようかん」の場合とは異なった発音の仕方になるのである。

問 「ん（ン）」の発音の仕方が異なる単語の組み合わせを、すべて選びなさい。

Ⓐ「ちょうちん」と「ぼんぼり」
Ⓑ「本命」と「願望」
Ⓒ「サンバ」と「ダンス」

2分読んで、答えが決まったら次のページへ

Q1　答え Ⓐ・Ⓒ

注目すべきところは、まさに「**注目すべきところは、『ん』の直後の『べ』『み』のような、バ行音、マ行音**」のところです。そのあとに「**両方とも発音するときに一瞬だけ唇が閉じる**」と書かれているので、「ん」のあとにバ行音、マ行音がくる言葉を探します。あてはまるのは、Ⓐの「ぼんぼり」とⒷの「本命」「願望」、Ⓒの「サンバ」です。これらの言葉の「ん（ン）」は唇が閉じます。よって、発音の仕方が異なる単語の組み合わせはⒶとⒸになります。

15 種のあるところ

Q1

バナナを1本食べた。よく考えてみると、種はどこにあったのだろうか。実はバナナには種がない。輪切りにすると中心部に小さな黒い点が見られるが、これは種の名残にすぎないので、種なしといってよいだろう。

果物を食べると、たいていは中から種が出てくる。たとえばリンゴは、半分に切ると中心のところに見える黒いのがそうだ。オレンジも切ったときに出てくることがあるが、口の中に入れてはじめて種があることがわかることもある。それに対して、ミカン（いわゆる温州ミカン）は、種ができにくいのだそうだ。できたとしても、それはまれなことらしいので、種なしとして分類しよう。ブドウは品種によって種なしと種ありとに分かれる。パイナップルは種が入っていることもあるそうだが、非常にまれらしいので、種なしとしておこう。

ところでイチゴはどうだろうか。半分に切っても赤い果肉と白い筋が見えるだけである。実は、外側についている小さなつぶつぶのひとつひとつが種なのだそうだ。正確にいうと、つぶつぶの中に種が入っているのである。これは意外だった。

問 上の文章に即した種なしの果物の組み合わせとして、正しいものをすべて選びなさい。

Ⓐ ブドウ・オレンジ・リンゴ
Ⓑ パイナップル・バナナ・ミカン
Ⓒ イチゴ・バナナ・パイナップル

2分読んで、答えが決まったら次のページへ

Q1 答え B

本文では、果物を「種あり」と「種なし」に分類しています。バナナが「種なし」、リンゴが「種あり」、オレンジが「種あり」というところまではすぐにわかりますね。ミカンとパイナップルのように、まれに種があるものは、本文では「種なし」として分類しています。そして、ブドウは「**品種によって種なしと種ありとに分かれる**」ので、どちらにも分類していません。

イチゴは「**半分に切っても赤い果肉と白い筋が見えるだけ**」とあり、少し迷うところですが、そのあとに「**つぶつぶのひとつひとつが種**」と書いてあります。イチゴは外側についているつぶつぶの中に種があると説明しているので、「種あり」と分類してよさそうです。よって、種なしの果物の組み合わせとして正しいのは、Ⓑとなります。

わかりにくいときは、表にまとめて整理してみるとよいでしょう。○は種あり、×は種なし、△は品種によるもの、とします。

果物	バナナ	リンゴ	オレンジ	ミカン	ブドウ	パイナップル	イチゴ
種	×	○	○	×	△	×	○

この表からも、種がない果物の組み合わせはⒷということがわかりますね。

2

POINT

第2章 指示読解

指示されている物事を理解する

01 私だけの空間

目標時間 2分

明治時代に入ると、日本人は欧米※の文化に次々と触れることになり、それを熱心に吸収していった。<u>その過程</u>で重要だったのが、英語、フランス語、ドイツ語などの欧米の言語を学んで身につけることだった。

※　ヨーロッパやアメリカなどのこと。

問　「<u>その過程</u>」の「その」が指すこととして、正しいものをすべて選びなさい。

Ⓐ 明治時代のはじめから終わりまで
Ⓑ 日本人が欧米の文化を吸収すること
Ⓒ 日本人が欧米の言語を学ぶこと

パーソナルスペースというものがある。他人が入ってくると不快に思う距離のことだ。横長の座席に知らない人どうしが座るとき、距離を空けることがあるが、これはお互いにパーソナルスペースを侵さないようにしているためである。しかし、<u>その間に</u>仕切りなどの物体を置くことで、物理的な距離が短くても不快感をやわらげることができる。電車の横長の座席を分けるように付けられているつかみ棒は、もともとは立ち座りの補助のためのものだが、これが仕切りとしても機能するため、隣に知らない人どうしが座ることも珍しくない。

問　「<u>その間に</u>」の「その」が指すこととして、正しいものをすべて選びなさい。

Ⓐ 電車の横長の座席とつかみ棒
Ⓑ 適度に距離を空けること
Ⓒ パーソナルスペース

2分読んで、答えが決まったら次のページへ

Q1 答え B

本文は、明治時代のはじめのことについて書かれていますが、終わりのことについては触れていません。よって、Ⓐは正しくありません。Ⓑについては、本文に「**それを熱心に吸収していった**」と書かれています。「それ」とは「欧米の文化」を指しています。「日本人が欧米の文化を吸収する過程**で重要だったのが…**」とすると意味が通るので、Ⓑは正しいといえます。Ⓒの「欧米の言語を学ぶこと」というのは、欧米の文化を熱心に吸収するうえで重要だったことであり、過程そのものについての説明ではないので、正しくありません。

Q2 答え C

Ⓐについては、下線部の「その」にⒶをあてはめてみると、「電車の横長の座席とつかみ棒の間に**仕切りなどの物体を置く**」となります。仕切りとしての役割もあるつかみ棒との間にさらに仕切りが置かれるのはおかしいですね。Ⓑの「適度に距離を空けること」は動作のことをいっているので、「適度に距離を空けることの間に**仕切りなどの物体を置く**」とすると、やはり意味が通りません。Ⓒについては、「パーソナルスペースの間に**仕切りなどの物体を置く**」と、「**不快感をやわらげることができる**」となり、意味が通るので、正しいといえます。

02 言い伝え天気予報

「夕焼けが見えると次の日は晴れる」「ツバメが低く飛ぶと雨が降る」といった、天気に関することわざや言い伝えのことを観天望気といいます。天気予報が始まったのは明治時代になってからのことなので、それまで多くの人は観天望気に頼っていました。特に漁師や農民は生活が左右されることもあるため、重要視していました。

問 「重要視していました」とは、何を重要視したのか、正しいものをすべて選びなさい。

Ⓐ 天気に関することわざや言い伝え
Ⓑ 漁師や農民
Ⓒ 生活が左右されること

先進国※がもっている知識や技術を途上国に伝えることは大切です。先進国は資金も援助の経験ももっているため、途上国の発展に貢献することでしょう。一方で、途上国どうしでの協力もあります。それは、ある程度知識や技術を手に入れた途上国が、まだこれらをほとんどもっていない途上国に伝えるというものです。これによって、それまでの与えられる側から与える側に立つことになり、援助の経験を得ることができます。

※ 経済開発が進んでいる国。反対語は途上国。

問 「与える側に立つ」の「与える」とは、何を与えることを指しているのか、正しいものをすべて選びなさい。

Ⓐ 知識
Ⓑ 技術
Ⓒ 資金

2分読んで、答えが決まったら次のページへ

Q1　答え Ⓐ

「**多くの人は観天望気に頼っていました。特に漁師や農民は…**」という文章の流れに注目しましょう。「多くの人」が「観天望気」に頼り、そのなかでも「特に漁師や農民」が「重要視していた」といっています。つまり、漁師や農民は、観天望気を重要視していたということです。「観天望気」と同じ意味なのは、Ⓐの「天気に関することわざや言い伝え」なので、正しいのはⒶであるとわかります。Ⓑ と Ⓒについては、それぞれ「漁師や農民を**重要視していました**」「生活が左右されることを**重要視していました**」となり、意味が通りません。

Q2　答え Ⓐ・Ⓑ

本文を読んで、先進国→途上国A→途上国Bという図式が思い浮かびましたか。この矢印の方向で伝えられているのは、本文中に何度か出てくる「**知識**」と「**技術**」です。そこまでわかれば、「**与える側に立つ**」の「与える」が、「知識」と「技術」を与えることだとわかりますね。正しいのはⒶとⒷです。Ⓒの「資金」は、先進国がもっているものであり、途上国どうしで伝えているものとして書かれているのは、あくまでも「知識と技術」のみです。よって、正しくありません。

03 レンタルサービス

目標時間

Q1　急に雨が降ってきた。後輩が「駅まで傘を借りに行きましょう」と言う。詳しく聞いてみると、駅と周辺の施設にレンタル用の傘が用意されていて、料金を支払えば誰でも借りることができ、使い終わったら返却するというサービスがあるようだ。別の駅や施設で返却することも可能らしい。支払いは電子マネーにも対応しているとのこと。「使わない手はないな」と同感し、後輩とともに駅に走ったのであった。

問　「使わない手はないな」とは、何を使うことを指しているのか、正しいものをすべて選びなさい。

Ⓐ 傘のレンタルサービス
Ⓑ 傘を買うときキャッシュレスで支払うこと
Ⓒ 駅などに置いてある傘を有料で借りることができるサービス

Q2　「元気な犬」「平等な立場」「熱心な学生」という３つの語句はいずれも、「〜な」で言葉をつなげて、前の言葉が後ろの言葉を説明している。「元気がいい犬」「平等の立場」など、「〜な」以外で言葉をつなげていいかえることも可能である。しかし、「熱心」は「元気」や「平等」とは別のタイプの言葉のようで、不可能である。このように形に着目して言葉の性質を考えてみると、意外に奥が深いことがわかる。

問　「不可能である」とは、何が不可能なのか、正しいものをすべて選びなさい。

Ⓐ 前の言葉が後ろの言葉を説明すること
Ⓑ 「〜な」以外の言葉をつなげていいかえること
Ⓒ 「熱心」と「元気」「平等」とを区別すること

２分読んで、答えが決まったら次のページへ

Q1 答え Ⓐ・Ⓒ

「**使わない手はないな**」の後ろに「**駅に走った**」とあることから、駅へ傘を借りに行ったとわかります。Ⓐは正しいですね。Ⓑの「傘を買う」ことについては本文に書かれていないので、正しくありません。Ⓒは、Ⓐをより詳しく説明したものなので、正しいといえます。

Q2 答え Ⓑ

まずは、本文があることについて、「可能か不可能か」を述べている文章だということを理解する必要があります。2文目の最後の「**可能である**」に着目しましょう。その直前に「**『〜な』以外で言葉をつなげていいかえること**」とありますね。これが「可能か不可能か」のテーマです。よって、正しいのはⒷとなります。Ⓐは、本文に「**前の言葉が後ろの言葉を説明している**」とありますが、これは「可能か不可能か」ということには関係ありません。Ⓒについては、「**『熱心』は『元気』や『平等』とは別のタイプの言葉のようで…**」と書かれていることから、区別していることがわかるので、不可能であるとはいえません。

04 アイデアマンの友人

目標時間

毎日、きちんと歯をみがいているつもりでも、歯ブラシの届きにくいところやみがきにくいところがあります。そのような部分を歯科医師、歯科衛生士が専門的な道具を使ってクリーニングすることを、機械的歯面清掃、または PMTC といいます。PMTC はプロフェッショナル・メカニカル・トゥース・クリーニングを略した言葉です。<u>これによって</u>、歯垢、歯石のないきれいな歯を保つことができます。

問　「<u>これによって</u>」の「これ」が指すこととして、正しいものをすべて選びなさい。

Ⓐ 毎日の歯みがき
Ⓑ 歯ブラシのクリーニング
Ⓒ 専門的な道具を使って歯を掃除すること

麩で作ったケーキを売っていたかと思ったら、１か月後には一口サイズのメロンパンをつかみ取りにして売ったりと、すぐに違うものを作っては売ることをくり返す友人がいる。いまは何をしているのかと聞くと、唐揚げハンバーガーなるものを売っているという。「前のはどうした？」とたずねると、「<u>あれはもうやめた</u>。タピオカとの組み合わせが悪かった」とのこと。「あれ？　タピオカなんて知らないぞ」と思って聞いてみると、メロンパンのつかみ取りをやめたあと、メロンパンの中にタピオカを入れてレーズンパンのようなパンとして売っていたらしい。

問　「<u>あれはもうやめた</u>」の「あれ」とは、「友人」にとって何を指しているのか、正しいものをすべて選びなさい。

Ⓐ 麩で作ったケーキの販売
Ⓑ 一口サイズのメロンパンのつかみ取り方式での販売
Ⓒ タピオカ入りのレーズンパン風メロンパンの販売

２分読んで、答えが決まったら次のページへ

Q1 答え Ⓒ

「これ」は２つ前の文の「**機械的歯面清掃**」、または「**PMTC**」を指します。それと同じだと判断できる選択肢はⒸだけです。Ⓐは、本文の１文目で、毎日の歯みがきだけでは「**歯ブラシの届きにくいところやみがきにくいところがあります**」といっているので、「これ」にはあてはまりません。Ⓑの「歯ブラシのクリーニング」については、本文で触れていませんね。

Q2 答え Ⓒ

「**前のはどうした？**」に対して「**あれはもうやめた。タピオカとの組み合わせが悪かった**」とあるので、「あれ」とは「タピオカと組み合わせたもの」であるとわかります。よって、正しいのはⒸです。ちなみに、そのほかに友人が販売していたのは、Ⓐの「麩で作ったケーキ」、Ⓑの「一口サイズのメロンパンのつかみ取り」、現在の「唐揚げハンバーガー」です。筆者は「タピオカ入りメロンパン」のことを知らなかったので、「**前のはどうした？**」という質問は、その前の「一口サイズのメロンパンのつかみ取り」について聞いたつもりだったようです。

05 どうして知ってる？

目標時間

　センリョウという木がある。７～８月ごろに白い花を咲かせ、冬に赤い実をつける美しい植物だ。漢字では「仙蓼」と書くが、「千両」と書くこともある。そのめでたさから、正月の縁起物とされる。正月飾りに使ったり、鏡餅に添えたりする。

　それだけでなく、マンリョウという木もある。センリョウと同じくめでたい名前であるので正月の縁起物とされる。ただし、こちらの漢字は「万両」しかない。

問　「それだけでなく」の「それ」が指すこととして、正しいものをすべて選びなさい。

Ⓐ センリョウという木
Ⓑ 正月の縁起物とされること
Ⓒ 漢字の書き方が２通りあること

　マイクとエリックと私とで貿易会社を始めることにした。まずは多額の資金が必要だったが、それはすでにエリックと私とで集めていた。もちろん正当な方法で。２人で進めたことなので、マイクはどうやって多額の資金を集めたのかは知らないはずだ。これから一緒に会社を始めるうえで、エリックか私からその方法について説明する必要があるだろうと思っていた。しかし、エリックはすでにマイクに詳しく説明していたようで、私からは何も言うことはなかった。

問　「何も言うことはなかった」とは、何について言うことがなかったのか、正しいものをすべて選びなさい。

Ⓐ 貿易会社を始めること
Ⓑ 多額の資金を集めた方法
Ⓒ マイクがどうやって資金を集めたか

２分読んで、答えが決まったら次のページへ

Q1 答え Ⓐ

「**それだけでなく**」のあとに「**マンリョウという木もある**」と書かれているので、マンリョウ以外の木、つまり、本文の最初にある「**センリョウという木**」を指していることがわかります。よって、正しいのはⒶです。ⒷとⒸは、それぞれ「正月の縁起物とされるだけでなく、**マンリョウという木もある**」「漢字の書き方が2通りあるだけでなく、**マンリョウという木もある**」となり、意味が通りませんね。

Q2 答え Ⓑ

「**何も言うことはなかった**」の前に「**エリックはすでにマイクに詳しく説明していたようで**」とあります。「私」が何も言うことがなかったのは、エリックがすでに説明していたからです。何を説明したのかというと、その前の文に「**エリックか私からその方法について説明する必要があるだろう**」とあります。さらに、「その方法」とは何かと探していくと、「**どうやって多額の資金を集めたのか**」であることがわかり、Ⓑが正しいといえます。Ⓐは、説明する必要がないことですし、Ⓒは、資金を集めたのはマイクではないので、正しくありません。

06 小惑星を調べる

小惑星探査機はやぶさは、小惑星まで飛び、小惑星の表面にある物質を採取して地球に持ち帰るという計画を実行するためにつくられました。この計画は、探査に欠かせない技術を試すことが目的でした。はやぶさによる採取・持ち帰りが成功を収めたニュースは多くの人の心に残ったことでしょう。これによって、無人で持ち帰り、地球で分析する、という研究方法が確立することになりました。

問 「地球で分析する」とは、何を分析するのか、正しいものをすべて選びなさい。

Ⓐ 小惑星の表面にある物質
Ⓑ 探査に欠かせない技術
Ⓒ 無人で持ち帰りを行う方法

A川とB川が合流する場所に位置するある町では、大雨が降ると必ずといってよいほど洪水※が起きていました。そのたびに農作物が被害を受け、町の財政にも影響がおよびました。そこで、洪水の対策として堤防をつくったり、排水ポンプを効率よく配置したりしました。それにより、近年では洪水の回数が激減し、農業の環境が急速に改善されました。町の財政も安定し、人口も緩やかに増加した結果、来年には市として認められることになりました。

※ 川などから水があふれること。

問 「そのたび」の「その」が指すこととして、正しいものをすべて選びなさい。

Ⓐ 川が合流すること
Ⓑ 洪水が起きること
Ⓒ 洪水の対策をとること

2分読んで、答えが決まったら次のページへ

Q1 答え Ⓐ

下線部の直前にある、「**無人で持ち帰り**」に注目しましょう。何を持ち帰るのでしょうか。それを探していくと、文章の前のほうまでさかのぼることになります。冒頭の文の「**小惑星の表面にある物質を採取して地球に持ち帰る**」という部分に着目すると、正しいのはⒶだとわかります。Ⓑの「探査に欠かせない技術」や、Ⓒの「無人で持ち帰りを行う方法」は、小惑星探査機はやぶさがつくられた目的そのものに関係がありますが、「**地球で分析する**」ものには直接関係がありません。

Q2 答え Ⓑ

Ⓐだと「川が合流するたび**に農作物が被害を受け、…**」となってしまい、意味が通りません。Ⓑは、「洪水が起きるたび**に農作物が被害を受け、…**」となり、意味が通るため、正しいといえます。Ⓒについては、「洪水の対策をとるたび**に農作物が被害を受け、…**」となってしまうので、正しくありません。対策をとるたびに被害が発生してしまうのでは、たまったものではないですね。

07 ピンキリ

目標時間 2分

「一口に指輪といっても、値段はピンキリだ」と言うときの「ピンキリ」とは何だろうか。諸説あるが、「ピン」はポルトガル語の「pinta（点）」が語源で、サイコロの目の「1」を指す言葉だった。そこから転じて「最初」または「いちばん上」を意味するようになった。「キリ」も、同じく「cruz（十字架）」を由来とした「10」を指す言葉であったが、のちに「最後」または「いちばん下」を意味するようになった。

問 「そこから転じて」の「そこ」が指すこととして、正しいものをすべて選びなさい。

Ⓐ「一口に指輪といっても、値段はピンキリだ」という文の意味を考えること
Ⓑ「ピン」がポルトガル語の「pinta」から来ていて、サイコロの目の1を指す言葉であること
Ⓒ「最初」または「いちばん上」を意味するようになったこと

私たちはこれまで、石油、石炭、天然ガスなどを主なエネルギー源として使ってきました。一方で、太陽光、風、地熱、水、植物などもエネルギー源とすることができます。これらに共通するのは、自然界につねに存在し、なくなる心配がないことです。また、一度利用しても比較的短い間に再生し、有害物質も発生しません。特に発電時に CO_2 をほとんど排出しないことから、地球温暖化対策の重要な要素として、注目されるようになってきました。

問 「利用しても」とは、何を利用するのか、正しいものをすべて選びなさい。

Ⓐ 石油、石炭、天然ガスなど
Ⓑ 有害物質、CO_2
Ⓒ 太陽光、風、地熱、水、植物など

2分読んで、答えが決まったら次のページへ

Q1 答え Ⓑ

「**そこから転じて**」のあとの部分に注目しましょう。「『**最初**』**または**『**いちばん上**』**を意味するようになった**」と書かれているので、それにつながるものを選ばなければなりません。まず Ⓒ は、同じ内容がつながることになり、意味がわからなくなるので選べません。 Ⓐ も「『**最初**』**または**『**いちばん上**』**を意味するようになった**」につながることとは考えにくいですね。 Ⓑ は、「サイコロの目の１を指す言葉から転じて『**最初**』**または**『**いちばん上**』**を意味するようになった**」とすると、意味がつながるので、ここでは Ⓑ を選びます。

Q2 答え Ⓒ

「**利用しても**」が「何を」利用するのかを探そうとすると、前の文の「**これらに共通するのは**」の「これら」にたどり着きます。「これら」とは、それより前に出てくる Ⓐ の「石油、石炭、天然ガスなど」と Ⓒ の「太陽光、風、地熱、水、植物など」のどちらかに可能性がありますが、「**これらに共通するのは、自然界につねに存在し、なくなる心配がないこと**」とあるので、 Ⓒ が適切です。

08 ガスを抜く

目標時間

使い終わったスプレー缶を捨てるとき、穴を開けるべきかどうか、迷ったことはないだろうか。ひと昔前までは、「穴を開けてから捨てる」という考え方が多かったが、開けた穴から残っていたガスが放出され、そのガスがあたりに充満して気分が悪くなったり、場合によっては引火や爆発が起きたりなど、問題が発生することもあった。そのため、環境省は「穴開けをしない方向が望ましい」という方針に立っている。ただし、穴を開けない場合でも、中身はしっかり使い切らなければならない。ガス抜きキャップを使うなどして完全にガスを抜くことが大事なのだ。ただし、その際は、屋外などの火の気がなく風通しのよいところで行おう。

問 「風通しのよいところで行おう」とは、何を行おうといっているのか、正しいものをすべて選びなさい。

Ⓐ 捨てるための準備としてスプレー缶に穴を開けること
Ⓑ スプレー缶のガスを放出し、爆発を起こすこと
Ⓒ ガス抜きキャップを使ってスプレー缶の中身を抜くこと

2分読んで、答えが決まったら次のページへ

Q1 答え C

まず、Ⓑでないことはすぐわかるでしょう。爆発を起こすなんて、問題外ですね。Ⓐの「スプレー缶に穴を開けること」については、本文では穴開けの危険性を取り上げており、「**穴開けをしない方向が望ましい**」とも書かれているため、正しくありません。「**ガス抜きキャップを使うなどして完全にガスを抜くことが大事**」とあるので、Ⓒが正しいことがわかります。

09 自己PR

目標時間 2分

自己PR文※を書く際、自分の長所が見つからないときがあります。かといって短所を書くわけにもいかないし…。それならばいっそのこと、短所を長所にかえて表現してみてはいかがでしょう。たとえば、「自己主張が強い」というのが短所だと思うなら、「自分の意見をしっかりもっていて、相手に伝えることができる」といいかえることができますし、「先が見えないと不安だし、細かいことが気になってしまう」というのを短所に感じるなら、「計画性をもち、着実な行動を第一にする」といいかえることができます。物はとらえよう、考えようで、短所を短所でなくすることができます。短所を長所と対立させて考えるよりも、自分の性格の一部として向き合うことが大事なことだといえるでしょう。

※　他人に自分の長所などを述べて売り込む文。

問 「向き合う」とは、何に向き合うことを指しているのか、正しいものをすべて選びなさい。

Ⓐ 自己PR文
Ⓑ 自分の短所
Ⓒ 自分の意見

2分読んで、答えが決まったら次のページへ

Q1 答え Ⓑ

この文章では自己（じこ）PR文の書き方が取り上げられていますが、そのなかでも特（とく）に短所のとらえ方について書かれていることがわかるでしょう。「**向き合う**」の少し前にも「**短所を長所と対立させて考えるよりも**」と書かれているので、Ⓑが正しいといえます。Ⓐの「自己PR文に**向き合う**」では、意味が通りませんね。Ⓒの「自分の意見に**向き合う**」は、一見意味が通っているようですが、本文の内容（ないよう）とは異（こと）なるので、ここでは正しいとはいえません。

10 全力疾走

チーターが歩いている。たまにかけ足になるものの、まだ私たちのイメージする速さではない。やがてチーターは獲物を見つけた。インパラだ。インパラに狙いを定め、少しずつ、少しずつ、気づかれないように距離を縮める。

次の瞬間、チーターがものすごいスピードで走りはじめた。私たちがイメージする、あの速さだ。気づいたインパラも必死に逃げる。右に左にインパラが逃げ、結果としてチーターは追いつけなかった。実はチーターが速く走れる距離は意外に短く、なんと 200〜500 m ほどなのだ。時速 100 km 以上のスピードを出し、史上最速の陸上生物といわれるチーターだが、威力を発揮するのは、ほんのわずかな時間だけなのである。

問 「あの速さ」にあたるものとして、正しいものをすべて選びなさい。

Ⓐ ものすごいスピード
Ⓑ 時速 100 km 以上のスピード
Ⓒ インパラに気づかれない程度のスピード

2 分読んで、答えが決まったら次のページへ

Q1 答え Ⓐ・Ⓑ

下線部の直前に「**私たちがイメージする**」とあるので、「**あの速さ**」とは、「私たちがイメージする速さ」を指しています。私たちがイメージするのは、「**時速100 km 以上のスピードを出し、史上最速の陸上生物といわれるチーター**」の姿です。よって、Ⓑは正しいといえます。また、下線部の文の前にある「**ものすごいスピード**」も、「私たちがイメージする速さ」といえるので、Ⓐも正しいとわかります。Ⓒについては、本文に「**インパラに狙いを定め、少しずつ、少しずつ、気づかれないように距離を縮める**」とありますが、このときのスピードは、忍び足のようにゆっくりであると想像できます。よって、「私たちがイメージする速さ」ではありません。

11 社長、給料はいくらですか？

「年商 20 億円の会社の社長」と聞くと「あの社長さん、すごいお金を持っているんだろうな」と思うかもしれませんが、それは実際のところわかりません。なぜなら、年商とは企業における１年間のすべての売上を意味するからです。

ところで、「年収」という言葉がありますね。年収というのはその人が１年間にもらえるお金の総額です。ここで注意しなくてはならないのが、年商 20 億円の社長というのは年収 20 億円ではないということです。20 億円の売上から材料費、従業員の給料などを差し引いて、残ったものが「利益」となります。そしてこの利益の中から「これだけを社長の給料にあてよう」と決めて支払われた金額が社長の年収になります注)。だから、もし利益があまり出なかったら、社長の年収がほんのわずかな金額になる可能性だってあるのです。

注）　これは、社長の給料の決め方の一例です。

問 「これだけ」の「これ」が指すこととして、正しいものをすべて選びなさい。

Ⓐ 年商から年収を引いた金額

Ⓑ 利益の一部または全部

Ⓒ 年商から材料費や従業員の給料などを引いた金額

2 分読んで、答えが決まったら次のページへ

Q1　答え　B

「**これ**」とはいくらなのか、具体的には示されていません。いうなれば、会社の誰かが決めた金額を指します。Ⓐは、「年収」が誰の年収かがわからないので、指している内容もわかりません。よって、正しいとはいえません。Ⓒは、「利益」の説明なので、正しくありません。「**売上から材料費、従業員の給料などを差し引いて**」、残った「利益」の中から、誰かが決めた金額が社長の給料として支払われるわけですから、Ⓑが正しいといえます。

3

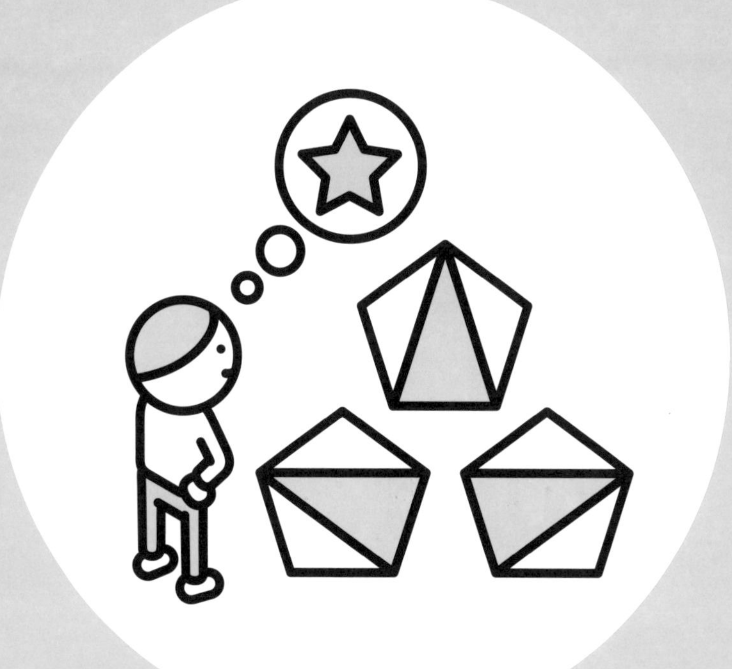

GRAPHIC

図や表などの意味を理解（りかい）する

01 禁止区域はどこ？

目標時間

Q1 この文章は、自転車を利用する人へ向けた案内です。

条例※に基づき、A駅を中心に半径約200mの範囲を「自転車等放置禁止区域」として指定しています。禁止区域内の道路（歩道・公園を含む。B公園は全域が放置禁止区域）に自転車やミニバイク（50cc以下）を放置した場合、たとえ短時間であってもすぐに撤去します。撤去された自転車はC公園にて保管しています。引き取りの際には、保管料として5000円を納めていただきます。

※　法律とは別に、都道府県や市区町村などの地域ごとに定められた規則。

問　「自転車等放置禁止区域」を表す地図として、正しいものを選びなさい。

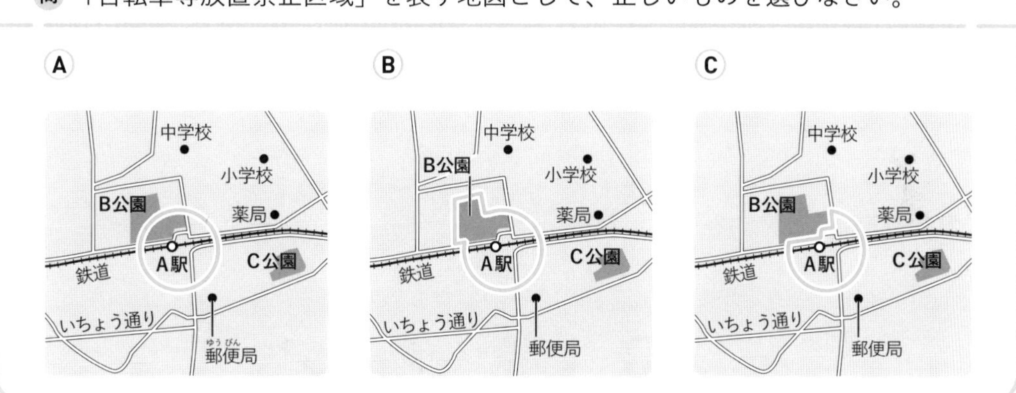

2分読んで、答えが決まったら次のページへ

Q1　答え　Ⓑ

自転車等放置禁止区域がどういう範囲であるかをしっかり読み取りましょう。「**A駅を中心に半径約200 m の範囲**」と書かれているので、禁止区域はA駅を中心とした円形になっているはずです。しかし、それに加えて「**B公園は全域が放置禁止区域**」と書かれているので、禁止区域は円形の範囲だけでなく、B公園全体も含んだものでなければなりません。よって、正しい地図はⒷです。Ⓐは、B公園の一部しか含まれていません。Ⓒは、B公園全体を禁止区域からはずしてしまっていますね。

02 気体の集め方

Q1 この文章は、化学の実験で行う水上置換法についての説明です。

水上置換法は、水を使って気体を集める方法である。水を入れた水槽に、気体を集めるための容器を口を下にして入れ、あらかじめ容器の中を水でみたしておく。フラスコにストロー状の管を通し、その中で気体を発生させる。管の先を水槽の中に入れると、発生した気体が水の中で泡となって浮かんでくるので、気体を集めるための容器の口の部分に管の先をあてがう。そうすると、気体が容器内の水と置き換わって集まり、徐々に水面が下がっていく。そして、容器内に水がなくなった状態でふたをすると、容器の中はすべてその気体でみたされることになる。

問 上の説明の内容と一致するイラストを選びなさい。

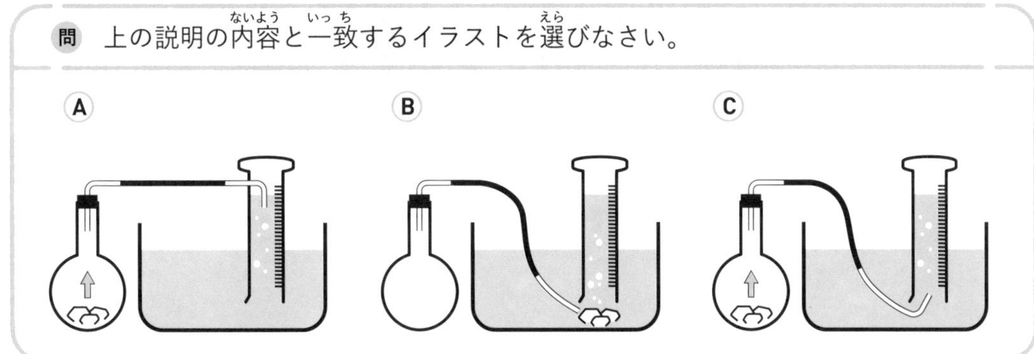

2分読んで、答えが決まったら次のページへ

Q1 答え C

説明を順にとらえていきましょう。まず「**フラスコにストロー状の管を通し、その中で気体を発生させる**」とありますが、Ⓑは水槽の中で気体を発生させています。よって、説明とは一致しません。次に、「**管の先を水槽の中に入れると、発生した気体が水の中で泡となって浮かんでくるので、気体を集めるための容器の口の部分に管の先をあてがう**」とありますが、Ⓐは管の先を水槽の中に入れていません。よって、これも説明と異なります。本文の説明の通りになっているのは、Ⓒです。

03 上弦の月

Q1 この文章は、上弦の月についての説明です。

昼過ぎから夕方にかけて、西側の半分が白く輝いて見える半月がある。夕方、日が沈むころ、ほぼ真南の空に高く上がり、白く見える部分は光を増して輝いてくる。そしてそのまま直径にあたる部分を上に向けながら西のほうに沈んでいく。この直径の部分を昔の人は弓矢の弦に見立てた。弦の部分が上になって沈む月なので、これを上弦の月と呼ぶ。

問 「上弦の月」の動きを表すものとして、正しいものを選びなさい。

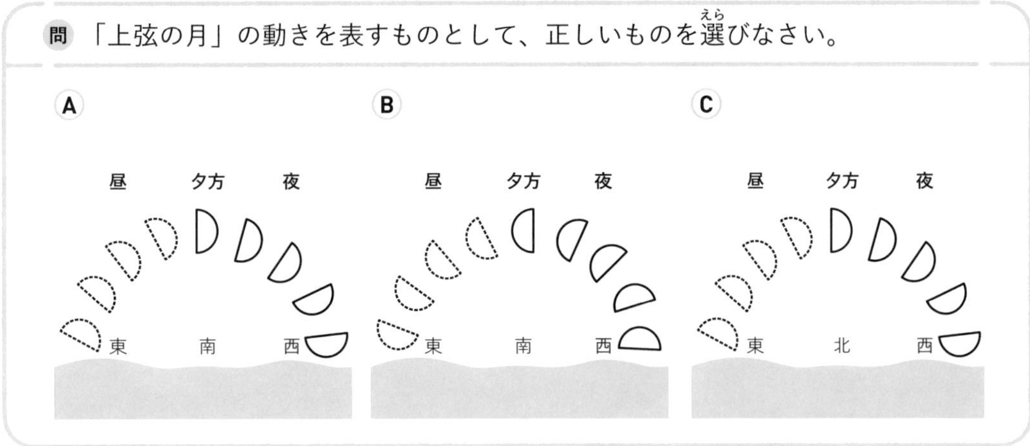

2分読んで、答えが決まったら次のページへ

Q1　答え　A

「**夕方、日が沈むころ、ほぼ真南の空に高く上がり**」の部分と「**直径にあたる部分を上に向けながら西のほうに沈んでいく**」の部分が大事です。Ⓒは真北の空に高く上がっているので、正しくありません。また、Ⓑは直径にあたる部分を下に向けながら沈んでいくので正しくありません。上弦の月の動きは、Ⓐのようになります。

目標時間

04 ダゲスタン共和国の位置

Q1 この文章は、ダゲスタン共和国についての説明の一部です。

ダゲスタン共和国はロシア連邦の共和国の一つで、カフカス山脈の北側にあり、首都はマハチカラである。隣にはかつて紛争があったチェチェン共和国がある。また、カフカス山脈をはさんで、やや西のジョージア、すぐ南のアゼルバイジャンとも隣接し、カスピ海に面している。

問 上の説明の内容と一致する地図を選びなさい。

Ⓐ

ダゲスタン
カフカス山脈
チェチェン
カスピ海
黒海
ジョージア
アゼルバイジャン
北 西 東 南

Ⓑ

チェチェン
カフカス山脈
ダゲスタン
カスピ海
黒海
ジョージア
アゼルバイジャン
北 西 東 南

Ⓒ

ジョージア
カフカス山脈
アゼルバイジャン
カスピ海
黒海
チェチェン
ダゲスタン
北 西 東 南

2分読んで、答えが決まったら次のページへ

Q1 答え B

まず最初の文に、「**カフカス山脈の北側にあり**」と書かれているので、ダゲスタン共和国が山脈の南に位置する C は説明と一致しません。次に、「**隣には…チェチェン共和国がある**」とあり、続いて、「**カフカス山脈をはさんで、やや西のジョージア、すぐ南のアゼルバイジャンとも隣接**」と書かれています。A は、アゼルバイジャンと隣接していないので、説明と一致しません。残る B が正しいかどうかを確認する際の決め手は、最後の「**カスピ海に面している**」です。B の地図では、ダゲスタン共和国がカスピ海に面しているので、説明と一致します。

05 キョウソクキンシンとゼッソクエンシン

目標時間

Q1 この文章は、歯科検診における専門用語についてのエッセイです。

歯医者に行って歯の検診を行うと「6番、キョウソクキンシンは～」「5番、ゼッソクエンシンは～」といった呪文のような言葉を歯科衛生士さんがくり返す。「えっ、虫歯でもあるのかな？」と気になるのだが、呪文が終わると「今回も虫歯はなしですよ」とやさしく声をかけてくれて、ほっとする。

では、一体あの呪文は何なんだ？　気になって調べてみた。まず、「キョウソク」と「ゼッソク」がペアで、それぞれ「頬側」「舌側」と書く。歯の頬の側と、舌の側を指す歯科用語だそうだ。そして「キンシン」と「エンシン」。同じくペアを成す用語で、「近心」「遠心」と書く。前歯に近い方向が近心、前歯から遠い方向が遠心である。なるほど、そういうことだったのか。

問　上の説明の内容と一致するイラストを選びなさい。

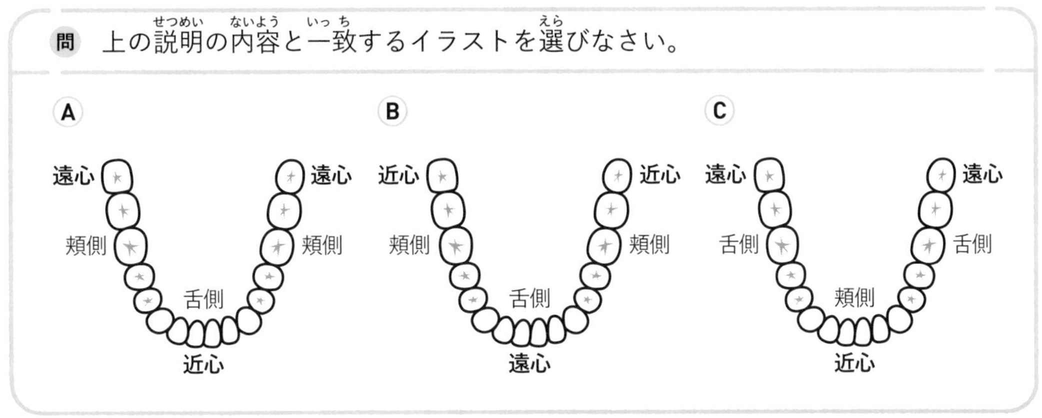

2分読んで、答えが決まったら次のページへ

Q1　答え　Ⓐ

第１段落で疑問に思ったことを第２段落で明らかにしているので、大事なのは第２段落です。まず「**歯の頬の側と、舌の側を指す**」とありますが、ここでは文章に書いてあることだけでなく、「歯の内側にあるのが舌である」という、自分がもっている知識を活用する必要があります。そうすると、Ⓒは間違いだとわかりますね。また、「**前歯に近い方向が近心、前歯から遠い方向が遠心**」についても、自分の知識を使って考えてみましょう。「口の中の前のほうに生えている歯が前歯である」ことを踏まえれば、Ⓑは説明と異なり、Ⓐが説明と一致しているとわかります。

目標時間

06 太陽が出ている時間

Q1 この文章は、１年を通した東京の日の出・日の入りの時刻の変化について述べたものです。

夏は日の出が早く日の入りが遅い季節で、夏の中間である夏至には太陽が出ている時間が１年でいちばん長くなります。一方、冬は日の出が遅く日の入りが早い季節で、冬の中間である冬至には太陽の出ている時間が１年でいちばん短くなります。

では、春や秋はどうでしょうか。春は、夏に近づくにつれ、日の出の時刻がだんだん早くなっていきます。日の入りの時刻は日の出ほど変化がありません。そして秋は、冬に近づくにつれ、日の入りがだんだん早くなっていきます。

問 上の説明の内容と一致するグラフを選びなさい。

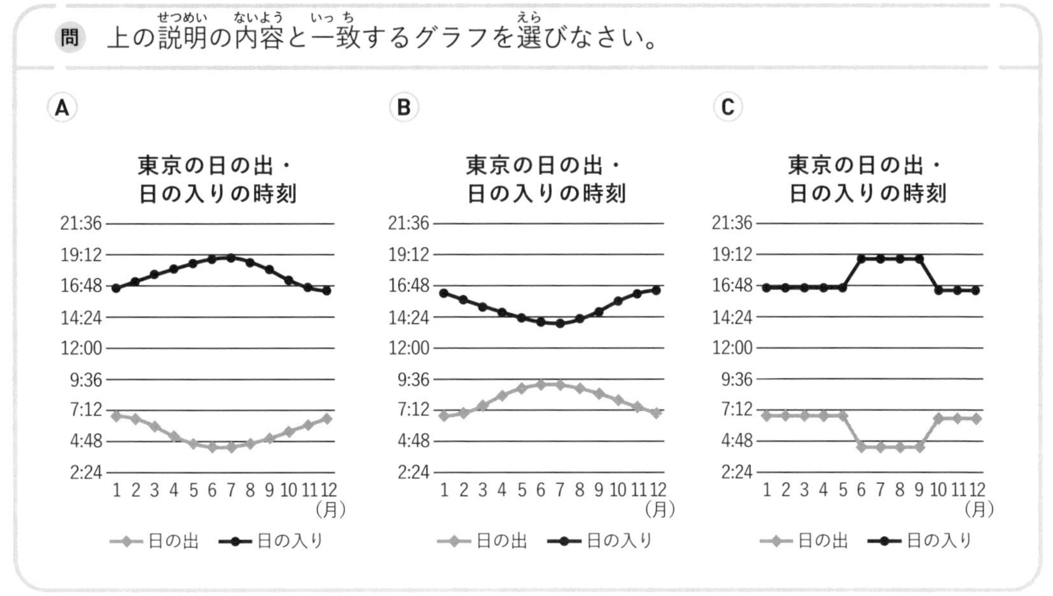

２分読んで、答えが決まったら次のページへ

Q1 答え A

グラフが日の出の時刻と日の入りの時刻に分かれているので、本文もそれに合わせて読み解きましょう。日の出の時刻については、夏は早く、冬は遅くなり、春は夏に向けてだんだん早くなっていくと説明されています。また、日の入りの時刻については、夏は遅く、冬は早くなり、秋は冬に向けてだんだん早くなっていくと書いてあります。これらを踏まえてそれぞれのグラフを見ると、説明と一致しているのは A ですね。B は、グラフの形が本文の説明と逆になっています。C は、だんだん早くなっている様子がとらえられないため、説明と一致しません。

目標時間

07 前線の種類

Q1

気象でいうところの前線とは、性質の異なる空気（寒気※1と暖気※2）の境目のことである。寒気と暖気が出合うと、寒気は重いので暖気の下にもぐり込み、暖気は軽いので寒気の上にはい上がる。また、寒気と暖気のどちらが優勢であるかによって、寒冷前線と温暖前線とに分かれる。寒冷前線は寒気の勢いが強く、寒気が暖気を押し上げるように進んでいく前線で、前線面（境目の面）の傾斜は急になる。一方、温暖前線は暖気の勢いが強く、寒気の上に暖気が乗り上げるように進んでいく前線で、前線面の傾斜は緩い。また、寒気と暖気の勢いが同じ程度のとき、一つの場所から前線がほとんど動かなくなることがある。これを停滞前線という。

※1　冷たい空気。　※2　暖かい空気。

問　寒冷前線と温暖前線を表す図として、正しいものを選びなさい。

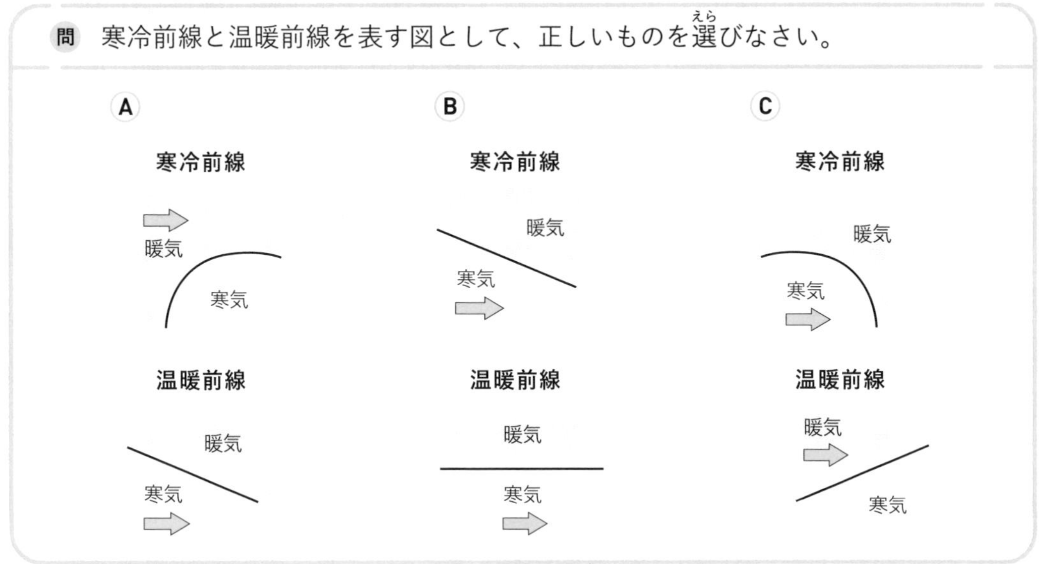

2分読んで、答えが決まったら次のページへ

Q1 答え C

本文に「**寒気は重い**」「**暖気は軽い**」とあります。Ⓐ Ⓑ Ⓒ すべてで寒気が下、暖気が上になっているので、これだけでは選択肢はしぼれません。次に「**寒冷前線は…前線面（境目の面）の傾斜は急になる**」と「**温暖前線は…前線面の傾斜は緩い**」に着目しましょう。この条件をみたすのは、Ⓐ と Ⓒ だけです。Ⓑ は温暖前線の面に傾斜がありませんね。さらにしぼり込むために、「**寒冷前線は…寒気が暖気を押し上げるように進んでいく**」に着目しましょう。Ⓐ は、寒冷前線の面の傾斜は急ですが､寒気の上に暖気が乗り上げているので､正しいとはいえません。よって、本文の説明にあてはまるのは Ⓒ となります。

08 野菜の生産量

目標時間

Q1

A市はナスの生産がさかんです。A市にある上川農場、中川農場、下川農場のいずれでも、ナスをたくさん生産していますが、ナス以外にキュウリとトマトも作っています。上川農場、中川農場、下川農場それぞれのナス、キュウリ、トマトの生産量については、次のことがわかっています。

・上川農場のナスの生産量は、トマトの生産量の２倍
・中川農場のナスの生産量は、キュウリの生産量の２倍
・下川農場のキュウリの生産量は、トマトの生産量の２倍

問 上の説明の内容と一致するグラフを選びなさい。

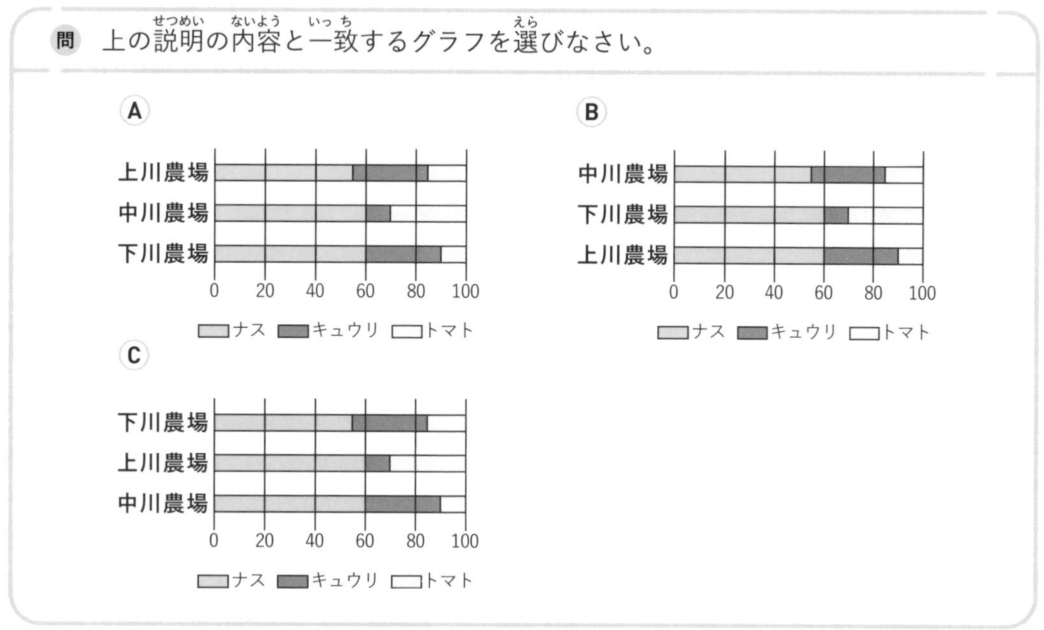

２分読んで、答えが決まったら次のページへ

Q1 答え C

生産量の関係を、上川農場は「トマト×２＝ナス」、中川農場は「キュウリ×２＝ナス」、下川農場は「トマト×２＝キュウリ」と整理したあと、グラフを見てみましょう。Ⓐ Ⓑ Ⓒ それぞれで上川農場、中川農場、下川農場の位置が異なっているので、選び間違えないようにしましょう。説明と一致するグラフは Ⓒ ですね。

09 列島接続計画

目標時間

Q1 この文章は、日本の道路と鉄道の歴史について書かれたものです。

日本列島の主要四島は道路または鉄道でつながっているが、一度にすべてがつながったわけではない。まずはじめに、本州と九州がつながった。1942 年、海底の鉄道トンネルが開通し、その後、1958 年に海底の道路トンネルが完成している。なお、高速道路は 1973 年に海底のトンネルではなく海上の橋として開通している。その２年後に、新幹線用の海底トンネルも開通している。

本州と四国、本州と北海道がつながったのは同じ年で、1988 年である。この年、瀬戸大橋と青函トンネルが開通した。瀬戸大橋は本州と四国を道路と鉄道で連絡する 10 の橋の総称で、青函トンネルは本州の津軽半島と北海道の松前半島を鉄道で結ぶ海底トンネルである。青函トンネルは 2016 年に新幹線が乗り入れるようになり、その結果、北海道から九州までを新幹線だけで移動できるようになった。

問 道路と鉄道がそれぞれ最初につながった年の組み合わせとして、正しいものを選びなさい。

Ⓐ

	道路	鉄道
本州－九州	1973 年	1975 年
本州－四国	1988 年	1988 年
本州－北海道	1988 年	2016 年

Ⓑ

	道路	鉄道
本州－九州	1958 年	1942 年
本州－四国	1988 年	1988 年
本州－北海道	–	1988 年

Ⓒ

	道路	鉄道
本州－九州	1958 年	1942 年
本州－四国	1988 年	–
本州－北海道	1988 年	2016 年

2 分読んで、答えが決まったら次のページへ

Q1　答え　B

新幹線や高速道路は、どれも普通の鉄道や道路がつながったあとに開通しています。よって、注目すべきは普通の鉄道と道路の開通した年です。

本州と九州に関しては、文章を順に追っていくと、鉄道が 1942 年、道路が 1958 年とすぐにわかります。次に、「**本州と四国、本州と北海道がつながったのは同じ年で、1988 年である**」という文に注目します。瀬戸大橋は「**本州と四国を道路と鉄道で連絡する**」とあるので、本州と四国に関しては、道路も鉄道も 1988 年につながったことがわかります。注意しなければならないのは、本州と北海道に関する記述です。つながったのは「**同じ年で、1988 年**」ですが、青函トンネルは「**鉄道で結ぶ海底トンネル**」とあります。そのあとに「**2016 年に新幹線が乗り入れるようになり**」という記述もありますが、道路でつながったという説明はどこにもありません。よって、本州と北海道は、鉄道のみが 1988 年につながったと判断できます。以上のことから、正しい組み合わせは Ⓑ となります。

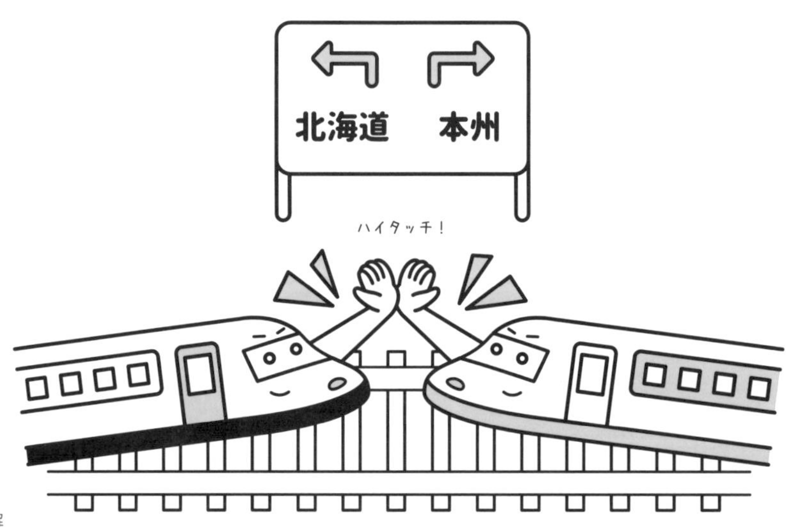

10 聞こえる音

Q1 この文章は、動物の可聴域について書かれたものです。

空中を伝わる音波を音として感じられる範囲を「可聴域」といい、動物はこの範囲で音を聞き取ることができます。可聴域には上限と下限があり、動物によって異なります。ヒトの場合、下限は 20 Hz※程度から、上限は 20000 Hz 程度までの周波数の音を聞き取ることができます。イヌやネコの下限はほぼ同じぐらいですが、ネコの上限はイヌより高く、コウモリに近いです。コウモリの上限はイルカに近いのですが、下限はどの動物より高いです。これは、低い音が聞こえないことを意味します。

また、人間の上限とされる 20000 Hz を超える音を「超音波」といいます。イヌ、ネコ、コウモリ、イルカの可聴域には超音波が含まれるわけですが、これらの動物たちは、どのような音を聞いて暮らしているのでしょうか。

※ Hz：周波数の単位。

問 動物の可聴域を表したグラフとして、正しいものを選びなさい。

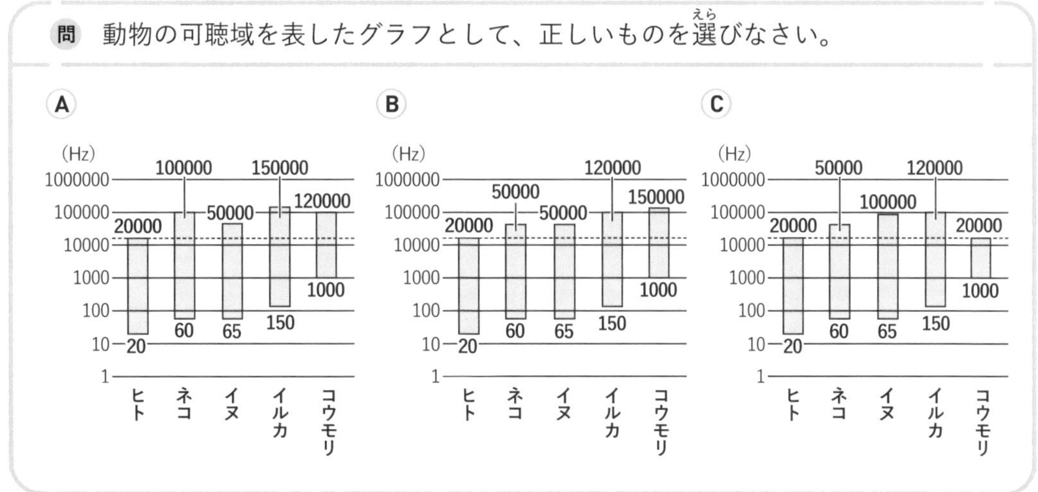

2 分読んで、答えが決まったら次のページへ

Q1　答え　A

本文から読み取れるグラフの条件を順に見ていきましょう。まず、「**ヒトの場合、下限は 20 Hz 程度から、上限は 20000 Hz 程度まで**」というのと「**イヌやネコの下限はほぼ同じぐらい**」というのは、どのグラフもあてはまります。次に「**ネコの上限はイヌより高く、コウモリに近い**」という条件ですが、ネコの上限がイヌより高くなっているグラフは Ⓐ しかありません。この時点で Ⓐ にしぼれてしまいますが、確認のため、ほかの条件も見てみましょう。「**コウモリの上限はイルカに近いのですが、下限はどの動物より高いです**」とあります。Ⓐ はこの条件もみたしているので、やはり Ⓐ が正しいとわかります。

11 売上の結果

Q1 この文章は、20XX 年度 A 社の地域別の売上を割合で表した報告書の一部です。

国内の売上が海外の２倍であった。これは当初の売上計画に近いものとなった。営業拠点別に見ると、東京と中国の売上が国内・海外でのそれぞれ半分以上を占めている。これは、それぞれ人が集まる地域に集中的に宣伝を行った結果であると考えられる。一方で、アメリカの売上が振るわず、中国の半分程度でしかなかったことは想定外であった。

問 上の説明の内容と一致するグラフを選びなさい。

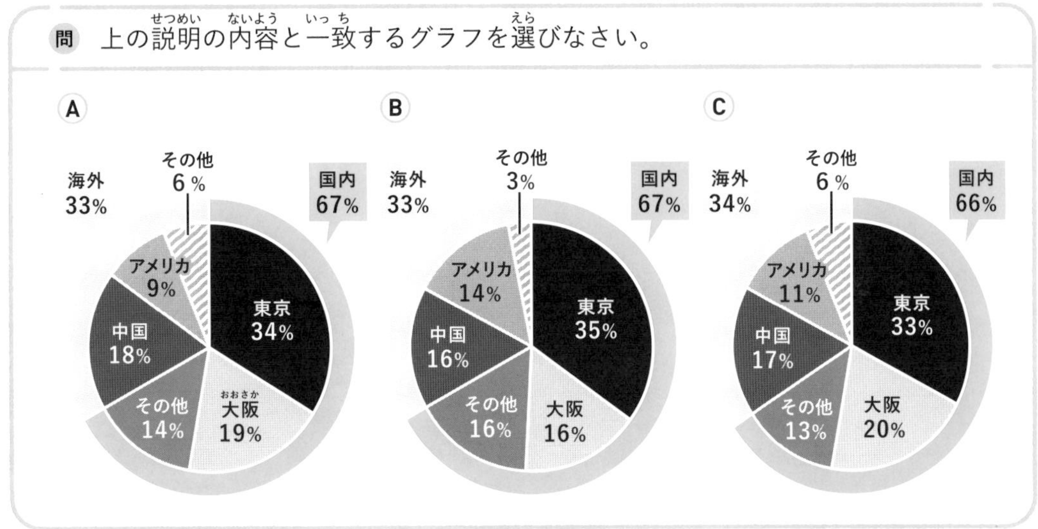

2 分読んで、答えが決まったら次のページへ

Q1　答え Ⓐ

まず、「**東京と中国の売上が国内・海外でのそれぞれ半分以上を占めている**」と書かれていることから、Ⓑのグラフは違うとわかります。Ⓑのグラフでは中国が海外の売上の半分以上に達していません。次に、「**アメリカの売上が振るわず、中国の半分程度でしかなかった**」と書かれているので、アメリカと中国の割合に注目します。Ⓐのグラフは、アメリカがちょうど中国の半分になっています。Ⓒのグラフはアメリカが 11%、中国が 17%なので、「半分程度」とはいえません。よって、説明と一致するのはⒶとなります。

4

LOGIC

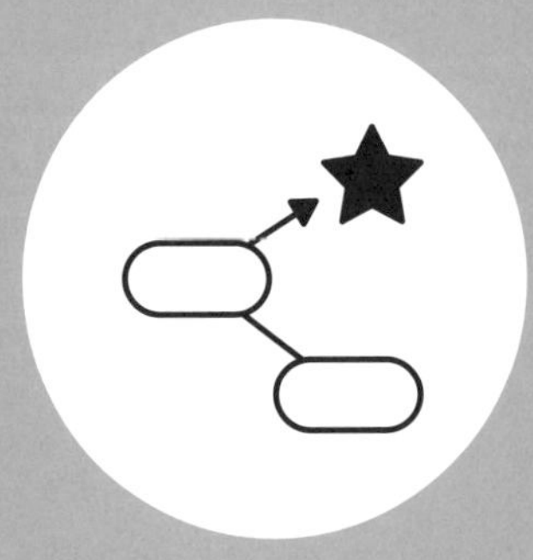

第4章 論理読解

文章の筋道を理解する

01 商品を買った人

Q1

商品などを販売することによって得た金額を売上という。売上は販売数と商品1つあたりの値段をかけることで計算することができるが、販売数だけでは1人が1つの商品を買ったのか、1人が複数の商品を買ったのかがわからない。これを明らかにするためには、（　　　）についても調べなければならない。

問　上の文章中の（　　）にあてはまるものを、すべて選びなさい。

Ⓐ 購入者の数
Ⓑ 購入者の年齢層
Ⓒ 販売個数

Q2

市立図書館をご利用いただきありがとうございます。禁帯出シール※が貼られている本以外は貸し出すことができます。貸し出し期間は2週間です。2週間以上の貸し出しはできません。ただし、図書館の夏季・冬季休館期間にまたがる場合はこの限りではありません。

※　図書館外への持ち出しが禁じられていることを示すシール。

問　上の文章の内容と一致するものを、すべて選びなさい。

Ⓐ 禁帯出シールが貼られている本以外は、つねに2週間以上借りることができる。
Ⓑ 禁帯出シールが貼られている本は、夏季・冬季休館期間中に借りることができる。
Ⓒ 禁帯出シールが貼られていない本の貸し出し期間は、特定の時期を除いて2週間以内である。

2分読んで、答えが決まったら次のページへ

Q1　答え　Ⓐ

「**これを明らかにするためには、…調べなければならない**」とは、何を明らかにしたいのでしょうか。手がかりは、その前の「**販売数だけでは１人が１つの商品を買ったのか、１人が複数の商品を買ったのかがわからない**」です。販売数がわかっているうえで、「１人がいくつ商品を買ったのか」を知るためには、Ⓐの「購入者の数」を考えればよいですね。Ⓑの「購入者の年齢層」は、商品を売るために必要な情報かもしれませんが、年齢層を調べても「１人がいくつ買ったのか」がわかるわけではないので、あてはまりません。Ⓒの「販売個数」というのは本文中の「販売数」と同じことです。

Q2　答え　Ⓒ

Ⓐは、本文に「**２週間以上の貸し出しはできません**」とあるので、一致しません。Ⓑについては、「**禁帯出シールが貼られている本以外は貸し出すことができます**」とあります。これは「禁帯出シールが貼られている本は借りることができない」ということですから、Ⓑも一致しません。Ⓒの「特定の時期を除いて」というのは、本文の「**夏季・冬季休館期間にまたがる場合はこの限りではありません**」をいいかえたものであり、貸し出し期間も合っているので、本文と一致します。

02 地図を思い浮かべて

Q1 これは、ジュースと比べたときのお茶の量を考える文章です。

ジュースが5L、お茶が4Lあったとする。仮にジュースの量を1とすると、お茶は（　　　）にあたる。

問　上の文章中の（　　）にあてはまるものを、すべて選びなさい。

Ⓐ 4
Ⓑ 0.8
Ⓒ 5分の4

Q2 A市にある花野町3丁目という区域は、B市にほぼ一周囲まれているが、一か所だけA市の花野町2丁目につながっている。この場所は5m程度のもので、細い川が流れており、川の片側は遊歩道となっている。地域の境界がこのようになったのは、昔、花野町3丁目にある池の水を花野町2丁目に引いたことによるといわれている。

問　上の文章の内容と一致するものを、すべて選びなさい。

Ⓐ A市にある花野町3丁目は、B市と接している。
Ⓑ A市にある花野町2丁目から花野町3丁目まで行くときには、どこを通ってもB市に入ることになる。
Ⓒ A市にある花野町3丁目は、花野町2丁目に囲まれるように存在している。

2分読んで、答えが決まったら次のページへ

Q1 答え Ⓑ・Ⓒ

「**仮に**ジュースの**量を１とする**」ということは、ジュースの量５Ｌを１とみるということです。５Ｌを１とみたときに、お茶の４Ｌがいくつになるかを考えます。５という数字を１に直すには、５で割ればよいですね。これを基準として、お茶の４Ｌがいくつになるかを考えるので、同じく５で割ります。4÷5の答えを小数で表すと0.8、分数で表すと５分の４になるので、Ⓑ とⒸ があてはまります。

Q2 答え Ⓐ

Ⓐ は、本文に「**Ａ市にある花野町３丁目という区域は、Ｂ市にほぼ一周囲まれている**」とあります。囲まれているということは、「接している」といえるので、Ⓐ は本文と一致します。Ⓑ については、「**一か所だけＡ市の花野町２丁目につながっている。…川の片側は遊歩道となっている**」とあります。遊歩道を通ればＢ市に入らなくても行き来できるので、Ⓑ は本文と一致しません。Ⓒ は、Ⓐ とⒷ の説明から、本文と一致しないことがわかります。

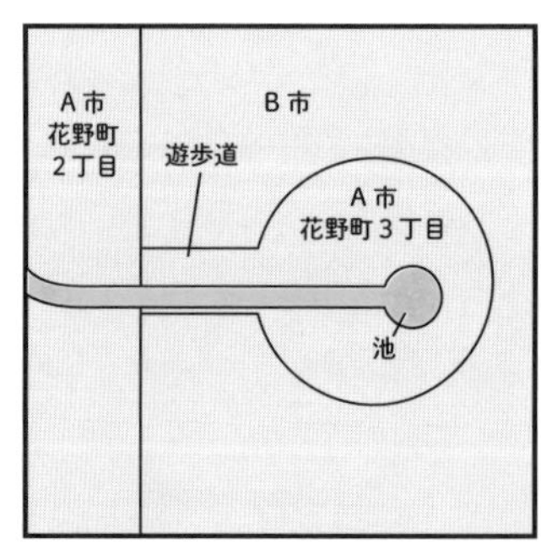

03 斬新な勉強法

Q1

私は勉強が苦手なので、効果的な勉強法が書かれた本を買って読みたいと思っている。斬新※1な取り組み方と、勉強を続けようと思わせてくれる方法が書かれているものを買うべきだろう。このあいだ、インターネットである本を見かけて書評※2を読んでみたが、この本は取り組み方が斬新だとも、勉強を続けるコツがわかるとも書かれていなかった。だから私は、（　　　）と思った。

※1　発想などが飛び抜けて新しいこと。　　※2　本の内容を紹介した文章。

問　上の文章中の（　　）にあてはまるものを、すべて選びなさい。

Ⓐ この本をぜひ読みたい
Ⓑ この本は買わないでおこう
Ⓒ この本の書評を信じてはいけない

Q2

春岡さん、夏川さん、秋山さん、冬野さんの4人がマラソン大会のゴール時刻について話をしている。4人の話から次のことがわかった。

- **春岡さんと夏川さんでは、春岡さんのほうが1分30秒早かった。**
- **夏川さんと秋山さんでは、夏川さんのほうが1分早かった。**
- **秋山さんと冬野さんでは、冬野さんのほうが1分30秒早かった。**

問　上の文章の内容と一致するものを、すべて選びなさい。

Ⓐ 春岡さんと秋山さんでは、春岡さんのほうが2分早い。
Ⓑ 夏川さんと冬野さんでは、夏川さんのほうが1分30秒早い。
Ⓒ 春岡さんと冬野さんでは、春岡さんのほうが1分早い。

2分読んで、答えが決まったら次のページへ

Q1　答え　B

選択肢にある「この本」とは、どの本でしょうか。これは、「**インターネットである本を見かけて**」の「ある本」を指しています。「この本」についての書評を読んでみたが、「**取り組み方が斬新だとも、勉強を続けるコツがわかるとも書かれていなかった**」とあります。ここから導けるのは、Ⓑの「買わない」です。「私」が買いたい本ではなさそうなので、Ⓐの「ぜひ読みたい」はあてはまりません。Ⓒも、「書評を信じてはいけない」と考える根拠がないため、あてはまりません。

Q2　答え　C

図に整理しましょう。春岡さんと秋山さんを比べるときは、夏川さんを基準にします。春岡さんのほうが2分30秒早いので、Ⓐは一致しません。夏川さんと冬野さんでは、秋山さんを基準にすると、冬野さんのほうが30秒早くなるため、Ⓑも一致しません。春岡さんと冬野さんも、秋山さんを基準にします。Ⓐの説明もあわせて考えると、春岡さんのほうが1分早く、Ⓒは本文と一致すると判断できます。

春岡さん ―1分30秒― 夏川さん ―1分― 秋山さん

冬野さん ―1分30秒― 秋山さん

04 十二支

Q1

昨日のテレビの情報番組で、「オリーブオイルが体調の改善に効果がある」と言っていた。また、一昨日喫茶店で読んだ雑誌にも、オリーブオイルを毎日ほどよく口にすることで、体調がよくなったという人の話が書いてあった。さらには、(　　　)。どうやら、オリーブオイルは体調の改善にある程度の効果がありそうだ。

問　上の文章中の（　　）にあてはまるものを、すべて選びなさい。

Ⓐ 通信販売でもオリーブオイルが安い値段で販売されていた
Ⓑ 係長も毎朝適量のオリーブオイルをとり続けて、体調がよくなったとのことだ
Ⓒ 部長も毎週イタリア料理店に通い、オリーブオイルを使った料理を食べ続けていた

Q2

十二支は、生まれた年ごとに決まっている動物というイメージがありますが、昔は時間や方角を表すときにも使われていました。たとえば、午前や午後の「午」は「うま」で、昼の12時を表します。また、「ねずみ」は北を、「うま」は南を指します。「うし」と「とら」の間はちょうど北東の方向にあたるのですが、古くから「この方向から鬼がやってきて悪さをする」と信じられていました。ところで、鬼の姿を思い出してください。頭からは牛の角のようなものが生えていて、虎の柄のパンツをはいていませんか？　そうです、(　　　)。

問　上の文章中の（　　）にあてはまるものを、すべて選びなさい。

Ⓐ 北東が「うし」と「とら」の中間にあるので、その両方に関係のある姿がイメージとして定着していったのです
Ⓑ パンツだけでなく、よく見たら虎のキバも生えていることに気づくと思います
Ⓒ 北から時計回りに、「ねずみ」「うし」「とら」という順番で配置されているのです

2分読んで、答えが決まったら次のページへ

Q1 答え B

筆者がいいたいのは「**オリーブオイルは体調の改善にある程度の効果がありそうだ**」ということなので、(　　　)にはその文に関係することが書かれていないと、話として成立しません。そのように考えると、Ⓐの「オリーブオイルが安い」や、Ⓒの「毎週オリーブオイルを使った料理を食べ続けていた」という内容は、体調改善の効果に直接関係がないので、あてはまりません。Ⓑの「毎朝適量のオリーブオイルをとり続けて、体調がよくなった」が内容として正しいといえます。

Q2 答え A

「**そうです、(　　)**」という文は、その前の「？」がついた文の問いかけに対する答えです。「**牛の角のようなもの**」が生えていて、「**虎の柄のパンツ**」をはいているのはなぜでしょうか。Ⓐはその答えとして、鬼が牛と虎の両方の特徴をもっていることについて書かれているので、正しいといえます。Ⓑは虎のことしか書かれていないので、「そうです」に続く文としてはあてはまりません。Ⓒの「ねずみ」「うし」「とら」という順番は鬼の姿の説明とは関係がないので、あてはまりません。

05 何セットできる？

漢字の音読みの種類として、呉音や漢音といったものがある。両者の違いは日本に伝わった時期による。呉音が先に伝わり、漢音があとから入ってきた。両者を分ける境目の時期は7、8世紀である。漢数字の読み方を例にとると、「イチ、ニ、サン、シ、ゴ、ロク、シチ、ハチ、ク、ジュウ」と読むものが呉音であり、「イツ、ジ、サン、シ、ゴ、リク、シツ、ハツ、キュウ、シュウ」と読むものが漢音である。

問 上の文章の内容と一致するものを、すべて選びなさい。

Ⓐ 漢字の音読みは、日本に伝わった時期によって、複数の種類が存在する。
Ⓑ 呉音は、7、8世紀以降に日本に伝わった漢字の読みである。
Ⓒ 私たちが日常生活で使う漢数字の読み方は、すべて呉音に由来する。

黄色、ピンク、緑の蛍光マーカーがある。3つの色の中では黄色がいちばん多く、ピンクがいちばん少ない。もし3色を1本ずつで1セットとした場合、8セットまでは作れる。3色の本数の差はそれぞれ2本である。

問 上の文章の内容と一致するものを、すべて選びなさい。

Ⓐ 黄色、ピンク、緑の蛍光マーカーを合わせた本数は、28本である。
Ⓑ 黄色の蛍光マーカーの本数は、ピンクの蛍光マーカーの本数の2倍である。
Ⓒ ピンクの蛍光マーカーがあと2本あったら、10セット作れる。

2分読んで、答えが決まったら次のページへ

Q1 答え A

漢字の音読みに複数の種類があることは、「**呉音や漢音といったものがある**」と書かれていることからわかります。またその後ろに「**両者の違いは日本に伝わった時期による**」とあるので、Ⓐは本文と一致します。Ⓑについては、「**呉音が先に伝わり**」とあり、「**境目の時期は７、８世紀**」とあることから、呉音が伝わったのは７、８世紀以前だとわかります。よって、Ⓑは一致しません。Ⓒについては、呉音のほうが日常的に使われているように感じられますが、「九」はキュウと漢音で読むことも多く、「すべて」とはいえません。

Q2 答え C

まず、それぞれの本数を考えてみましょう。「**８セットまでは作れる**」ということは、いちばん少ない色でも８本はあるということです。よって、ピンクは８本です。また、黄色がいちばん多いことと、差はそれぞれ２本であることをあわせて考えると、緑が10本、黄色が12本となり、合計が8＋10＋12＝30本となるので、Ⓐは一致しません。Ⓑも、ピンク８本を２倍にすると16本となるので、一致しません。Ⓒは、ピンクが２本増えると10本になり、10セット作れますね。

目標時間 2分

06 ビュッフェの意味

Q1

キロメートル、ミリメートルなどの「キロ」「ミリ」はそれぞれ、倍量と分量を表す言葉です。「キロ」はキログラム、キロバイト、キロヘルツなどと使われ、1000倍を意味します。一方で「ミリ」は1000分の1を表します。そのほか、ヘクトパスカルの「ヘクト」は100倍、デシリットル、デシベルの「デシ」は10分の1、センチメートルの「センチ」は100分の1を表します。

問 上の文章の内容と一致するものを、すべて選びなさい。

Ⓐ「センチリットル」といういい方があった場合には、100リットルを表す。
Ⓑ「デシメートル」といういい方があった場合には、10センチメートルを表す。
Ⓒ「ヘクトグラム」といういい方があった場合には、「センチグラム」と同じである。

Q2

ビュッフェとは、料理が並べられたテーブルから好きなものを取り、取った分の金額を支払うセルフサービス方式の食事のことを指す。日本では、決まった料金を支払い、食べ放題で好きなだけ料理を取ることができる方式を指すことが多い。またビュッフェは、パーティーなどでの立食スタイルの食事を指すこともある。そのほかにも、列車内や劇場などにある簡易的な食事コーナーを指すこともある。

問 上の文章の内容と一致するものを、すべて選びなさい。

Ⓐ ビュッフェは、食べ放題の原型であると考えられている。
Ⓑ ビュッフェには、多く取るとそれだけ料金が上がるという方式もある。
Ⓒ パーティーでの食事を、すべてビュッフェというわけではない。

2分読んで、答えが決まったら次のページへ

Q1 答え Ⓑ

選択肢に出てくる「デシ」は10分の1、「センチ」は100分の1、「ヘクト」は100倍です。Ⓐの「センチリットル」は、1リットルの100分の1になるはずですが、100倍の「100リットル」になっているので、一致しません。Ⓑの「デシメートル」は、1メートルの10分の1になるので、「10センチメートル」は正しいと判断できます。Ⓒの「ヘクトグラム」は、1グラムの100倍、「センチグラム」は1グラムの100分の1となるので、両者は一致しません。

Q2 答え Ⓑ・Ⓒ

Ⓐについて、食べ放題の説明は「**決まった料金を支払い、食べ放題で好きなだけ料理を取ることができる方式**」という部分ですが、ここから、「食べ放題の原型である」とは読み取れません。よって、Ⓐは一致しません。Ⓑは、最初の「**好きなものを取り、取った分の金額を支払う**」に注目しましょう。これは「多く取るとそれだけ料金が上がるという方式」といえるので、本文と一致します。Ⓒは、「**パーティーなどでの立食スタイルの食事**」をビュッフェというのであって、パーティーでの食事すべてを指すわけではないので、本文と一致します。

07 幻のタコ墨

Q1

　タコもイカも敵から身を守るために墨を吐くのだが、タコとイカでは墨の性質や役割が異なるのだそうだ。タコは少量の薄い墨を吐き、煙幕のようにして身を隠す。一方、イカは墨に粘り気があり、それを何回かに分けて吐く。吐き出したものを分身のように見せて、逃げるのである。１匹のイカが持っている墨はある程度の量があるので、その墨をイカ墨として料理に使うことができるが、１匹のタコが持っている墨は少量で薄いため、イカの墨に比べて利用することが難しい。だから（　　　）。

問　上の文章中の（　　）にあてはまるものを、すべて選びなさい。

Ⓐ イカ墨料理はおいしいのだ
Ⓑ イカ墨料理はよく見かけるが、タコ墨料理はあまり見かけないのだ
Ⓒ タコ墨料理を作ろうと思ったら、何匹かのタコが必要なのである

Q2

　商店街にクレープの店が３軒ある。ソフィアはその入口にある店だ。商店街の通りは細長いので、入口の店ほど入りやすい。また、ソフィアは駅にいちばん近く、駅の利用者にもよく知られている。さらには、ソフィアは３軒の中で最も（　　　）。したがって、ソフィアがこの商店街でいちばん人気のあるクレープ店であるといえる。

問　上の文章中の（　　）にあてはまるものを、すべて選びなさい。

Ⓐ 売上数が多い
Ⓑ 来客数が多い
Ⓒ リピーターが多い

２分読んで、答えが決まったら次のページへ

Q1 答え Ⓑ・Ⓒ

（　　）にあてはまるものは、それまでの文章の内容を踏まえて選択できるものである必要があります。Ⓐについて、本文にはイカ墨とタコ墨の料理のおいしさを判断できるような内容は書かれていないため、あてはまりません。ⒷとⒸについては、「**1匹のタコが持っている墨は少量で薄いため、イカの墨に比べて利用することが難しい**」とあるので、これを理由として、タコ墨料理はあまり見かけないとつなげることができます。よって、Ⓑはあてはまります。また、タコ墨料理をしようとするならば、複数のタコから墨を集めなくてはならないと推測することもできますね。よって、Ⓒもあてはまります。

Q2 答え Ⓐ・Ⓑ・Ⓒ

まとめとして「**ソフィアがこの商店街でいちばん人気のあるクレープ店である**」ということをいっているので、（　　）に入るのは人気に関わる要素でなくてはいけません。そのように考えて選択肢を見ると、Ⓐ～Ⓒのいずれもが「人気がある」とみなすことのできる要素といえます。よって、すべてがあてはまります。

08 シャベルとスコップ

Q1

シャベルとスコップの区別は意外にも難しい。日本工業規格では、「上部が平らで、足をかける部分があるもの」を「シャベル」、「上部が丸みをおびており、足がかけられないもの」を「スコップ」という分け方をしている。また、形状ではなく大きさで分ける場合もあるが、東日本と西日本で逆の呼び方になるとのことで、ややこしい。

しかし、呼び分けの手がかりはある。「シャベル」と大型重機のショベルカーの「ショベル」とは、日本語での発音こそ違うが、どちらも英語の「shovel」から来ている。一方の「スコップ」はオランダ語の「schop」から来ているが、英語では「scoop」である。「scooper」だと「すくうもの」となり、アイスクリームなどをすくう、手に持てる道具のことを指す。

それぞれが結び付くものを根拠にすると、一つの考えが導き出せるのではないだろうか。

問 上の文章から導き出せることとして、正しいものをすべて選びなさい。

- Ⓐ 東日本と西日本でのシャベルとスコップの区別を明確にすることができる。
- Ⓑ シャベルが大きくてスコップが小さいという解釈をすることができる。
- Ⓒ シャベルとスコップはそれぞれ呼び方が２通りあるといえる。

２分読んで、答えが決まったら次のページへ

Q1 答え B

Ⓐについては、「**東日本と西日本で逆の呼び方になるとのことで、ややこしい**」とありますが、そのあとで東日本と西日本の区別の仕方について説明しているわけではないので、「区別を明確にすることができる」とはいえません。Ⓑについては、「**『シャベル』と大型重機のショベルカーの…**」と「**『スコップ』は…手に持てる道具**」という部分から、大きさの違いについて書かれていることが読み取れます。よって、本文から導き出せる考えとして、Ⓑは正しいといえるでしょう。Ⓒの呼び方については、ショベルとシャベルについて、「**日本語での発音こそ違う**」と書かれていることから少し迷うかもしれませんが、「スコップ」に関しては別の呼び方をしたり、別の呼び方があることを暗示したりするような記述は見当たらないので、「それぞれ呼び方が２通りある」とはいえません。

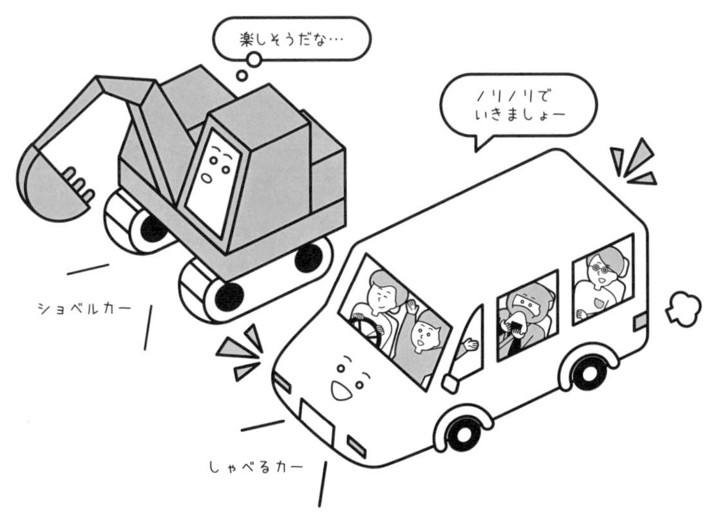

09 山が海だった？

Q1

ヒマラヤ山脈の山頂付近からは、海の生き物の化石が多数発見されている。一体なぜだろうか。

プレートテクトニクスという説があるが、これは地球の表面が何枚かのプレート（板）に分かれていて、陸地が少しずつ動いているという考え方だ。たとえば、インド亜大陸※はその昔、ユーラシア大陸からはるか南の海上にある大きな島であったが、徐々にユーラシア大陸に近づいていって、衝突したと考えられている。そのとき、盛り上がってできたのが、いまのヒマラヤ山脈だとされている。現在もヒマラヤ山脈では標高が高くなり続けている場所があるという。そして、ヒマラヤ山脈の山頂付近で海の生き物の化石が見つかるのは、かつてここが海の中にあったことを示す証拠と考えられているのである。

※　インド、パキスタン、ネパール、バングラデシュなどの国がある地域。

問　上の文章から読み取れることとして、正しいものをすべて選びなさい。

Ⓐ 陸地と陸地が衝突すると、盛り上がって山脈ができることがあると考えられる。
Ⓑ 陸地の上で生活する生き物にとって、海は必要なものである。
Ⓒ ヒマラヤ山脈の山頂付近は、もともとは海だったと推察される。

2分読んで、答えが決まったら次のページへ

Q1 答え Ⓐ・Ⓒ

本文に、インド亜大陸とユーラシア大陸の衝突により「**盛り上がってできたのが、いまのヒマラヤ山脈だとされている**」とあります。陸地と陸地が衝突して山脈ができているのですから、Ⓐは本文から読み取れることとして正しいといえます。Ⓑは、「陸上の生物にとって、海が必要だ」ということを述べている部分はないので、正しいとはいえません。Ⓒは、最後の文の「**かつてここが海の中にあったことを示す証拠**」という記述から、正しいといえます。

10 気温100度？

Q1 これは、華氏から摂氏への換算方法について書かれた文章です。

温度を測る単位として摂氏（℃）と華氏（°F）が知られている。華氏を用いる国として有名なのはアメリカである。私がアメリカに行ったとき、気温が「100°F」と表示されていて、びっくりしたことがある。摂氏なら、100度というと水が沸騰するほどの温度だからである。

華氏の温度を摂氏で表すにはどうすればいいのか。水が氷になるときの温度と、沸騰するときの温度を比べると、0℃と32°F、100℃と212°Fである。摂氏が0から100まで変化するとき、華氏は「212－32＝180」で180変化している。つまり、華氏の幅は摂氏の幅の1.8倍である。よって、華氏で表された数字から32を引き、その数値を1.8で割ることによって、摂氏を求めることができる。

100°Fの場合、まず「100－32＝68」と引き算をして、答えの68を1.8で割ると「68÷1.8＝37.777...」となり、約37.8℃に相当することがわかる。実は私がアメリカで見た気温は、現地で暮らす人でもびっくりするほどの暑さだったのだ。

問 上の文章から導き出せることとして、正しいものをすべて選びなさい。

- A 華氏で10度上がったとき、「10÷1.8」を計算すると、摂氏で何度上がったかが求められる。
- B 摂氏の温度より32度高い温度が、華氏の温度である。
- C 「華氏の温度－32」の答えに1.8をかければ、摂氏の温度になる。

2分読んで、答えが決まったら次のページへ

Q1 答え Ⓐ

水が氷になる温度と沸騰する温度を摂氏と華氏とで比べると、次のようになります。

摂氏：0 °C → 100°C … 100 増える
華氏：32°F → 212°F … 180 増える

摂氏の値が 100 増えると、華氏は 180 増えます。このとき、「100」という摂氏の幅を 1 として考えると、華氏の幅は 1.8 となり、摂氏の 1.8 倍が華氏に相当することがわかります。これは、摂氏の幅に 1.8 をかければ華氏の幅が、逆に、華氏の幅を 1.8 で割れば摂氏の幅が求められるということです。Ⓐは、この後者の計算を行おうとしているので、正しいといえます。Ⓑについて、華氏の温度が摂氏の温度より 32 度高くなるのは、摂氏 0 度のときだけです。よって、Ⓑは正しいとはいえません。Ⓒについては、2 段落目の最後の文に「**華氏で表された数字から 32 を引き、その数値を 1.8 で割ることによって、摂氏を求めることができる**」とあります。Ⓒは割るところをかけてしまっているので、正しくありません。

11 似ているようで違う

Q1 これは、似通った形をもつ漢字の違いについて考えた文章です。

「当」「常」「栄」「労」のいちばん上の部分は三本線の向きが似ていて、見分けにくい。しかし、三本線の向きが、真ん中だけ縦線になるのか、カタカナの「ツ」のような形になるのかは、漢字の成り立ちによって分けることができる。

まず、「常」のように真ん中が縦線のものは、その下に必ず「口」の字がくる。これは「常」が「尚」と「巾」の組み合わせによってできた字だからである。「当」は一見するとあてはまらないように見えるが、「當」という字が簡略化された漢字なので、同じ成り立ちになる。唯一の例外といってよいのが、「肖」だ。下に口の字がないのは、「肖」の上の部分が「尚」でなく「小」の字を変形させたものだからだ。

次に、「栄」「労」のように三本線の向きがカタカナの「ツ」のような形になる漢字についても成り立ちを見てみよう。「ツ」に見える部分は、もとは「火」が並んでいることを表す字で、「榮」「勞」と書かれていた。これにも例外があり、「学」「覚」は「學」「覺」を簡略化したもので、成り立ちは「栄」や「労」などとは異なる。

問 上の文章から考えられることとして、正しいものをすべて選びなさい。

Ⓐ「営」の字は「尚」と「口」の組み合わせによってできた字であるが、例外的に「栄」と同じグループに入れられている。

Ⓑ「蛍」の字は上の部分が「ツ」のような形になっているため、もとは「螢」と書かれていたと推測できる。

Ⓒ「堂」の字は三本線の真ん中が縦線で、その下に「口」の字をもっているため、「常」と同じグループである。

2分読んで、答えが決まったら次のページへ

Q1 答え Ⓑ・Ⓒ

Ⓐの「営」の字は、「尚」と「口」の間に「ノ」が入っているので、「尚」と「口」の組み合わせであるとはみなせません。また、「尚」と組み合わせてできた漢字の中に、三本線の向きが「ツ」のような形になる例外があるとも書かれていません。よって、Ⓐは正しいとはいえません。Ⓑについては、３段落目に「**『ツ』に見える部分は、もとは『火』が並んでいることを表す字で、『榮』『勞』と書かれていた**」とあります。この文にしたがえば、「蛍」が「螢」と書かれていたと推測できるので、Ⓑは正しいといえます。なお、実際にこの推測の通り、古い形の「蛍」は「螢」と書かれていました。Ⓒについて、「堂」は三本線の真ん中が縦線で、その下に「口」の字がきています。つまり、「尚」と「土」とが組み合わさった漢字であり、「常」と同じグループだとみなせます。よって、Ⓒも正しいといえます。

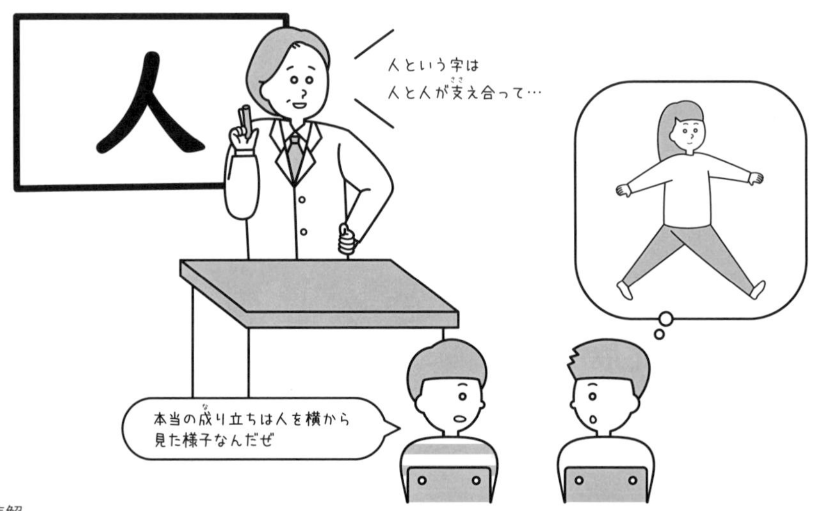

5

CONNECTION

第5章 接続読解

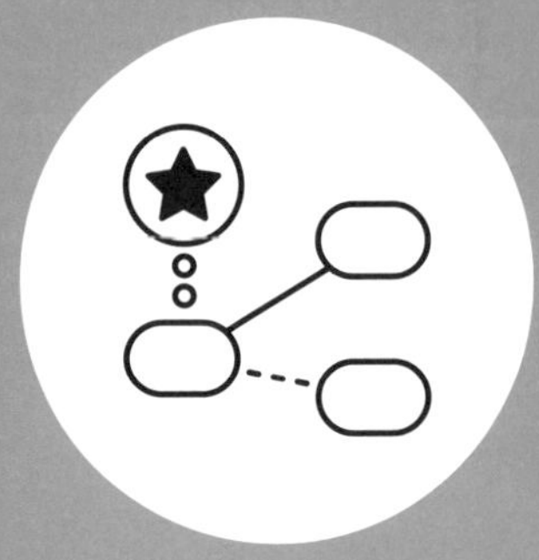

言葉や文章を結び付ける

01 シュシュツ

Q1

「輸出」「運輸」などに使われる「輸」の字は、もとは「シュ」という発音でした。(　　　)、同じ部分をもつ「諭」や「愉」などが「ユ」と発音するため、それにつられて「輸」の字も「ユ」と読まれるようになりました。仮にいまでも「シュ」と読まれていたら、「輸出」は「シュシュツ」と読むことになります。実際に口にしてみると、とても発音しづらいのではないでしょうか。

問　上の文章中の（　　）にあてはまるものを、すべて選びなさい。

Ⓐ しかし
Ⓑ やはり
Ⓒ そこで

Q2

コーヒーベルトとは、地球上の赤道を中心にして、北緯、南緯※それぞれ25度の間にある熱帯地方のことです。コーヒーの生産量が集中しているため、そう呼ばれています。コーヒー栽培は、コーヒーの成長期には雨が多く、収獲期には乾燥している環境、(　　　)、雨季と乾季がある気候が必要です。コーヒーベルト内のすべての地域でコーヒー栽培ができるというわけではありません。

※　赤道（北極点と南極点の中間を結んだ線）より北側を北緯、南側を南緯という。

問　上の文章中の（　　）にあてはまるものを、すべて選びなさい。

Ⓐ それでいて
Ⓑ いいかえれば
Ⓒ つまり

2分読んで、答えが決まったら次のページへ

Q1　答え　Ⓐ

（　　）の前の部分に「**もとは『シュ』という発音でした**」とあります。「もとは」とあることから、このあとで何かの変化があったと推測できます。つまり、展開が変わるのです。展開が変わることを示す言葉としてあてはまるのは、Ⓐの「しかし」です。Ⓑの「やはり」は、予想や期待の通りだったことを表すので、ここにはあてはまりません。また、Ⓒの「そこで」も、前の内容を踏まえて連続した内容を述べるときに使う言葉なので、ここに入れる言葉としては不適切です。

Q2　答え　Ⓑ・Ⓒ

（　　）の前には「**雨が多く、…乾燥している環境**」と書かれていて、後ろには「**雨季と乾季がある気候**」と書かれています。あとの部分は前の部分の内容を短くいいかえたものですね。この2つの関係が読み取れれば、ⒷとⒸがあてはまるとわかります。Ⓐの「それでいて」は、それまでの内容と似つかわしくないことを述べるときに使う言葉なので、あてはまりません。

02 言葉にする

私たちが何かについて話したり書いたりするときには、いま身の回りに起きていることをどのようにとらえ、どのように言語化するかについて意識する必要がある。(　　　)、人の話を聞いたり、文章を読んだりするときには、話し手や書き手が身の回りに起きていることをどのように見ていて、どのように伝えようとしているかについて意識する必要がある。

問 上の文章中の(　　)にあてはまるものを、すべて選びなさい。

Ⓐ そこで
Ⓑ 一方で
Ⓒ それによって

6010.6 という数には2つの6があるが、最初の6が表す大きさは、最後の6が表す大きさの1万倍である。(　　　)、最後の6が表す大きさは、最初の6が表す大きさの1万分の1である。

問 上の文章中の(　　)にあてはまるものを、すべて選びなさい。

Ⓐ それに対して
Ⓑ それなのに
Ⓒ それについては

2分読んで、答えが決まったら次のページへ

Q1　答え Ⓑ

（　　　）の前の文は「**何かについて話したり書いたりするときには…**」で始まり、（　　　）の後ろは「**人の話を聞いたり、文章を読んだりするときには…**」とあります。（　　　）の前と後ろで対照的なことが書かれているので、Ⓑの「一方で」があてはまります。Ⓐの「そこで」は、前と連続した内容を述べるときに使う言葉です。Ⓒの「それによって」は、それまでの内容を受けて話を展開させたり結論づけたりするときに使う言葉です。よって、ⒶとⒸはあてはまりません。

Q2　答え Ⓐ

（　　　）の前には「**最初の６が表す大きさは、最後の６が表す大きさの１万倍**」とあり、（　　　）のあとには「**最後の６が表す大きさは、最初の６が表す大きさの１万分の１**」と、反対の表現で書かれています。このような場合には、Ⓐの「それに対して」があてはまります。Ⓑの「それなのに」は、前の内容から期待されることとは異なる内容を述べるときに使われます。Ⓒの「それについては」は、前の内容を説明するときなどに使います。よって、ⒷとⒸはあてはまりません。

03 昇進すると？

Q1 昇進※1した。（　　　）、給料は上がらなかった。栄転※2だからといって、昇進とともに転勤をすることになったのだが、昇進したら普通給料は上がるだろう。上がったのは家族手当だけじゃないか。ケチな会社だなあ、と心の中でため息をついた。

※1　会社などで地位が上がること。　　※2　会社などで、職場を移動して地位が上がること。

問　上の文章中の（　　）にあてはまるものを、すべて選びなさい。

Ⓐ とはいうものの
Ⓑ というのは
Ⓒ ところが

Q2 急に担々麺が食べたくなった。あの独特な辛さがやみつきになり、ときどき急に食べたくなる。あのしびれるような辛さは、花椒と呼ばれる山椒の一種が決め手に違いない。唐辛子だけだったら、あのような感覚は味わえない。

（　　　）今日は暑い。だから、体があの辛さを求めているのだ。担々麺が食べたい。汗だくになってもいい。そうだ、あの店に行こう。あの店の担々麺の売りは、しびれる辛さだけではない。絶妙なコシをもつ麺も売りなのだ。

問　上の文章中の（　　）にあてはまるものを、すべて選びなさい。

Ⓐ それどころか
Ⓑ そればかりか
Ⓒ それにしても

2分読んで、答えが決まったら次のページへ

Q1 答え Ⓐ・Ⓒ

3文目に「**昇進したら普通給料は上がるだろう**」とあります。最初の文に「**昇進した**」とあることから、筆者は給料が上がることを信じていたはずです。それなのに、(　　　)のあとに「**給料は上がらなかった**」とあり、予想とは違っていたようです。このように、思っていたことと異なる展開になった場合に使えるのは、Ⓐの「とはいうものの」とⒸの「ところが」です。Ⓑの「というのは」は、前の内容の理由を説明するときに使う言葉なので、あてはまりません。

Q2 答え Ⓒ

(　　　)の前では担々麺の辛さについて述べているのに対し、あとでは、「**今日は暑い**」と別のことを述べています。このように、話題を切り替える役目をするのは、Ⓒの「それにしても」です。Ⓐの「それどころか」は、前の内容に対して予想を超えた内容を述べるときに使い、Ⓑの「そればかりか」は、前のことにさらに別の内容を追加するときに使います。よって、ⒶとⒷはあてはまりません。

04 わけあり商品のヒミツ

Q1

湯葉とは不思議な食べ物だ。豆腐を作ろうとしたとき、温めた豆乳の上に薄い膜ができたので、すくい取って食べてみたのが始まりということだ。（　　　）偶然の産物として見つかった湯葉だが、作るには、かなりの手間がかかる。まず豆乳を適温に温めるのが難しく、薄い膜を一枚一枚引き上げるのも大変だ。手間の割にたくさん作れないことから、湯葉は貴重な食品とされている。

問　上の文章中の（　　）にあてはまるものを、すべて選びなさい。

Ⓐ たとえば
Ⓑ また
Ⓒ いうなれば

Q2

お菓子には、「割れせんべい」とか「わけありクッキー」といった名前で売られているものがある。これは、製造の途中で割れたり、欠けたり、うまく成型できなかったりなどして、正規品にできないものを集めて売っているのである。これらの商品は値段が安いことが多いが、（　　　）、味としては正規品と比べても劣らないため、消費者の間で隠れた人気をもつ商品になることもある。

問　上の文章中の（　　）にあてはまるものを、すべて選びなさい。

Ⓐ 原料が違っていても
Ⓑ たとえ形状が不完全でも
Ⓒ 多くの人に知られるようになることで

2分読んで、答えが決まったら次のページへ

Q1 答え Ⓒ

（　　　）の前には、湯葉が発見された過程が書かれており、（　　　）のあとには「**偶然の産物として見つかった湯葉**」とあります。この関係を考えると、湯葉の発見のされ方は、偶然であったということを読み解くことができます。「偶然の産物」といういい方は、（　　　）の前の内容をまとめていいかえているので、ここにあてはまるのは、前の内容をいいかえるときに使う、Ⓒの「いうなれば」です。Ⓐの「たとえば」は例を示すときに使い、Ⓑの「また」は別の内容をつけ加えるときに使います。よって、ⒶとⒷはあてはまりません。

Q2 答え Ⓑ

（　　　）の前の部分にある「**これらの商品**」とは、「**製造の途中で割れたり、欠けたり、うまく成型できなかったりなどして、正規品にできないもの**」です。これと同じことを指すのが、Ⓑの「形状が不完全」です。Ⓐは、「**これらの商品**」が正規品と同じ原料から作られていることを読み取れていれば、あてはまらないとわかります。Ⓒは、「～になることで」という表現が、あとの内容とうまくつながりません。

05 どっちがお得？

Q1

ペットホテルとは、飼い主が旅行や出張などで家を留守にするとき、ペットを預かってくれる施設である。駅の近くや空港内だけでなく、市街地や住宅地にも見かけることもある。いろいろな場所にあるのは便利なことではあるのだが、飼い主にとって最も望ましいのは、旅先でもペットと一緒にいられることだろう。

実際、そう希望する人が多いことから、（　　　）。今後さらに増えていけば、将来、「ペットの同伴が可能な宿泊施設」をペットホテルと呼ぶようになるかもしれない。

問　上の文章中の（　　）にあてはまるものを、すべて選びなさい。

- Ⓐ ペットを預けて旅行に行く人が増えてきた
- Ⓑ ペットの同伴が可能な宿泊施設が少しずつではあるが増えてきた
- Ⓒ ペットホテルが駅の近くや空港内にも増えてきた

Q2

トイレットペーパーには「シングル」と「ダブル」の２つのタイプがある。シングルは１枚の紙だが、ダブルは２枚の紙を重ねて作られている。１個あたりに使われている紙の量はだいたい同じくらいだ。ある実験によると、（　　　）とのことだ。シングルとダブルはほぼ同じ値段で販売されることが多いので、お得さの点ではシングルのほうに軍配が上がる。

問　上の文章中の（　　）にあてはまるものを、すべて選びなさい。

- Ⓐ シングルのほうがダブルより、１回に使われる紙の量が少ない
- Ⓑ ダブルのほうがシングルより、１回に使われる紙の量が少ない
- Ⓒ シングルとダブルでは、１回に使われる紙の量はほぼ同じ

２分読んで、答えが決まったら次のページへ

Q1　答え　B

「**将来、『ペットの同伴が可能な宿泊施設』をペットホテルと呼ぶようになる**」理由として、適切なものを選びます。Ⓐは、ペットを預けて旅行に行く人が増えることが、ペットホテルの意味の変化につながるとは考えにくいため、あてはまりません。Ⓑは「ペットと一緒に泊まれるホテル」が増えれば、ペットホテルの意味が変わることにもつながるといえるので、あてはまります。Ⓒのペットホテルは、現在の「**ペットを預かってくれる施設**」のことですから、今後いくら増えても、意味の変化につながるとは考えられません。

Q2　答え　A

（　　）の後ろを読み進めると、「**シングルとダブルはほぼ同じ値段**」とあり、「**お得さの点ではシングルのほうに軍配が上がる**」とあります。なぜシングルのほうがお得なのかを考えましょう。Ⓐは、シングルのほうが使われる紙の量が少ないという、お得な点を挙げているので、あてはまります。Ⓑは、ダブルのほうがお得になってしまうため、あてはまりません。Ⓒは、両者で１回に使われる紙の量に違いがなく、シングルがお得になる理由として成立しないので、あてはまりません。なお、実験ではダブルのほうが１回に巻き取る長さは短いのですが、２枚分の長さをたすと、シングルで１回に巻き取る長さより長くなることが多かったそうです。

06 香りの効果

Q1

花の香り、果物の香り、森や林の香り。香りが（　　　）ということは、多くの人が感じていることだろう。実際に、私たちはこれらの香りに包まれることで、気分を落ち着かせたり、体の疲れを軽減させたりすることができる。最近では、芳香植物※のもつ力に着目したアロマテラピーと呼ばれる自然療法が、心や体の病気の治療や予防で注目されている。

※　よい香りのする植物。

問　上の文章中の（　　）にあてはまるものを、すべて選びなさい。

Ⓐ 体をやさしく包んでいる
Ⓑ 心や体によい効果をもたらす
Ⓒ 身近なものである

Q2

宇宙飛行士が食べる宇宙食。昔は宇宙食といえば、ゼリー状やクリーム状の味気ないものでした。いまでは野菜・果物などの生鮮食品、ナッツやクッキーなど、地上で食べているもののほとんどを宇宙へ持っていけるのだそうです。

とはいうものの、宇宙食に向いているもの、向いていないものというのはあるそうです。（　　　）、臭いが強い食品です。ほかにも砕けやすいものや賞味期限が短いもの、液体が飛び散るような食品なども向いていないそうです。

問　上の文章中の（　　）にあてはまるものを、すべて選びなさい。

Ⓐ 向いていないもので代表的なものといえば
Ⓑ 向いているものがもしあるとすれば
Ⓒ 向いていないものをまず挙げるとすれば

2分読んで、答えが決まったら次のページへ

Q1 答え B

3文目にある「**実際に**」とは、「ある事柄が想像や勘違いなどではなく、事実である」ことを表す言葉です。続きを読むと、「**香りに包まれることで、気分を落ち着かせたり、体の疲れを軽減させたりすることができる**」と、香りにはよい効果があるという事実が述べられています。これと等しい内容を表すものが（　　）に入ります。したがって、あてはまるのは B のみとなります。

Q2 答え A・C

（　　）のあとを見ると、「向いていないもの」について述べている部分だということがわかります。まず「**臭いが強い食品**」を例として挙げ、そのあとにいくつかの「向いていないもの」の例を挙げているので、A と C はあてはまります。B は「向いているもの」とあり、前の文章の流れからも、ここに入れるにはふさわしくありません。

07 書けないボールペン

Q1

壁に貼られた紙に字を書いたり、手に持ったメモ帳に字を書いたりなど、

Ⓐ ペン先から空気が入り込み、
Ⓑ 文字を書くことが多いと、
Ⓒ ボールペンの先を上向きにして
Ⓓ インクが逆方向に流れてしまうため、

文字が書けなくなることがある。

問 上のⒶ〜Ⓓを並べ替えて、意味の通る文にしなさい。

〔　　〕→〔　　〕→〔　　〕→〔　　〕

2分読んで、答えが決まったら次のページへ

Q1 答え Ⓒ→Ⓑ→Ⓐ→Ⓓ

最後の「**文字が書けなくなることがある**」に注目して、書けなくなるまでの過程を説明できるように並び替えます。壁に貼られた紙や手に持ったメモ帳に字を書くとき、ボールペンの先が上向きになることがあるので、まずⒸに着目します。そのような状態が続くと、「文字が書けなくなる」ということが読み取れれば、ⒷはⒸよりも後ろにくることがわかるでしょう。そして、ペン先を上向きにすることで起こる現象を説明しているのがⒶになります。さらに、ⒶによってⒹの現象が起こることが推測できれば、Ⓐの次にⒹがくることがわかります。また、Ⓐは「Ⓒ→Ⓑ」を原因として起こることですから、「Ⓐ→Ⓓ」はⒷのあとに続きます。

正しい順に直した文

壁に貼られた紙に字を書いたり、手に持ったメモ帳に字を書いたりなど、〔Ⓒボールペンの先を上向きにして〕〔Ⓑ文字を書くことが多いと、〕〔Ⓐペン先から空気が入り込み、〕〔Ⓓインクが逆方向に流れてしまうため、〕文字が書けなくなることがある。

08 扇状地と三角州

地理の勉強において問題となるのが、扇状地と三角州の区別である。

Ⓐ まず、扇状地とは、河川が山地から平野や盆地などの開けた平地に流れ出るところに見られる、土砂などが堆積した扇形をした地形のことである。

Ⓑ では、それぞれの特徴を見てみよう。

Ⓒ それぞれの特徴からわかることは、両方とも河川によって土砂が堆積することによりできるということだ。

Ⓓ 次に、三角州とは、河川によって運ばれた土砂が、河口付近に堆積することにより形成された三角形の地形のことである。

そして異なるのは、地形のできる場所だ。扇状地は山地から開けた平地に流れ出るところ、三角州は河口付近にできるのである。

問 上のⒶ〜Ⓓを並べ替えて、意味の通る文章にしなさい。

〔　　〕→〔　　〕→〔　　〕→〔　　〕

2分読んで、答えが決まったら次のページへ

Q1 答え Ⓑ→Ⓐ→Ⓓ→Ⓒ

Ⓑは、最初に「**では**」とあるので、扇状地と三角州の区別についての説明が始まる文だと考えられます。Ⓐの「**まず**」、Ⓓの「**次に**」という言葉にも注目しましょう。２つの言葉はこの順番でつながります。そしてⒸは、「**それぞれの特徴からわかること**」とあることから、その前に特徴の説明があったことがわかります。よって、「Ⓓ→Ⓒ」となります。

正しい順に直した文章

地理の勉強において問題となるのが、扇状地と三角州の区別である。〔Ⓑではそれぞれの特徴を見てみよう。〕〔Ⓐまず、扇状地とは、河川が山地から平野や盆地などの開けた平地に流れ出るところに見られる、土砂などが堆積した扇形をした地形のことである。〕〔Ⓓ次に、三角州とは、河川によって運ばれた土砂が、河口付近に堆積することにより形成された三角形の地形のことである。〕〔Ⓒそれぞれの特徴からわかることは、両方とも河川によって土砂が堆積することによりできるということだ。〕そして異なるのは、地形のできる場所だ。扇状地は山地から開けた平地に流れ出るところ、三角州は河口付近にできるのである。

09 とどのつまり…

「結局」「行きつくところ」を意味する「とどのつまり」という言葉がある。

Ⓐ トドはボラのあとに用いる最後の名前であることから、「もうこれ以上大きくならない」という意味をもつ。

Ⓑ ボラの場合、地域差はあるが、成長段階によって「オボコ→イナ→ボラ→トド」というように名前が変化する。

Ⓒ しかし、実は違う。魚のボラのことなのである。ハマチが大きく育つと「ブリ」と名前が変わるように、ボラも成長とともに名前が変わる出世魚なのである。

Ⓓ この「とど」はアシカやオットセイの仲間のトドのことだと思うかもしれない。

以上のことから、「結局」「行きつくところ」という意味で「とどのつまり」が使われるようになったのである。

問 上のⒶ～Ⓓを並べ替えて、意味の通る文章にしなさい。

〔　　〕→〔　　〕→〔　　〕→〔　　〕

2分読んで、答えが決まったら次のページへ

Q1 答え D→C→B→A

Ⓓの「**この『とど』**」という部分に注目します。これは、「とどのつまり」の「とど」を指しています。この内容(ないよう)を受けて次にくるのは「**しかし、実は違(ちが)う**」で始まるⒸです。Ⓒでは、この「とど」がアシカやオットセイの仲間(なかま)ではなく、魚の「ボラ」を指していることが説明(せつめい)されています。この流れを受け、次に続(つづ)くのはⒷです。Ⓑでは、ボラの名前の変(か)わり方の順序(じゅんじょ)が説明されています。Ⓐには、「**トドはボラのあとに用いる最後(さいご)の名前であることから**」とあるので、それより前に「ボラの成長段階(せいちょうだんかい)での最後の名前がトドである」という説明がなくてはなりません。よって、ⒶはⒷのあととなります。

正しい順に直した文章

「結局(けっきょく)」「行きつくところ」を意味する「とどのつまり」という言葉がある。〔Ⓓこの「とど」はアシカやオットセイの仲間のトドのことだと思うかもしれない。〕〔Ⓒしかし、実は違う。魚のボラのことなのである。ハマチが大きく育つと「ブリ」と名前が変わるように、ボラも成長とともに名前が変わる出世魚(しゅっせうお)なのである。〕〔Ⓑボラの場合、地域差(ちいきさ)はあるが、成長段階によって「オボコ→イナ→ボラ→トド」というように名前が変化(へんか)する。〕〔Ⓐトドはボラのあとに用いる最後の名前であることから、「もうこれ以上(いじょう)大きくならない」という意味をもつ。〕以上のことから、「結局」「行きつくところ」という意味で「とどのつまり」が使われるようになったのである。

10 いろいろな傘

Q1 傘は大別すると、和傘と洋傘に分けることができます。

Ⓐ そのようななかで近年注目されているのが、「逆さ傘」と呼ばれるものです。逆さ傘は、開いたときに外側だった部分が、閉じたときには内側にくるように作られています。

Ⓑ そして洋傘は、鉄製の軸や骨に布やビニールを張ったもので、ボタンひとつで開くジャンプ傘やコンパクトにしまえる折りたたみ傘がその代表です。

Ⓒ まず、和傘は軸と骨を竹で作り、それに油を塗って防水加工をした紙を張ったもので、蛇の目傘や番傘などがその代表です。

Ⓓ だから、たたんだときに水滴が自分の服などにつくことがありません。

まだまだ、傘はいろいろな進化をしていくのかもしれません。

問 上のⒶ～Ⓓを並べ替えて、意味の通る文章にしなさい。

〔　　〕→〔　　〕→〔　　〕→〔　　〕

2分読んで、答えが決まったら次のページへ

Q1 答え Ⓒ→Ⓑ→Ⓐ→Ⓓ

書き出しの文のあとには、和傘と洋傘の説明がされると予測できます。Ⓑと Ⓒがそれぞれの説明にあたりますが、「**まず**」のほうが前にくるので、Ⓒ→Ⓑの順番となります。残りはⒶとⒹですが、Ⓑのあとに Ⓓがきても、意味が通りません。Ⓑのあとは「**そのような**」の語があるⒶと考えるのが適切です。Ⓓは、Ⓐの「逆さ傘」の説明の続きですね。

正しい順に直した文章

傘は大別すると、和傘と洋傘に分けることができます。〔Ⓒまず、和傘は軸と骨を竹で作り、それに油を塗って防水加工をした紙を張ったもので、蛇の目傘や番傘などがその代表です。〕〔Ⓑそして洋傘は、鉄製の軸や骨に布やビニールを張ったもので、ボタンひとつで開くジャンプ傘やコンパクトにしまえる折りたたみ傘がその代表です。〕〔Ⓐそのようななかで近年注目されているのが、「逆さ傘」と呼ばれるものです。逆さ傘は、開いたときに外側だった部分が、閉じたときには内側にくるように作られています。〕〔Ⓓだから、たたんだときに水滴が自分の服などにつくことがありません。〕まだまだ、傘はいろいろな進化をしていくのかもしれません。

11 文字を読み取る

OCRという、文字を認識する技術がある。

Ⓐ これは手書きの文字や印刷された文字を、コンピュータで利用できるデジタルの文字データに変換する技術である。

Ⓑ このようなことから、20世紀の間は文字認識の精度がなかなか上がらなかった。

Ⓒ 手書きではなく活字であれば、認識も楽に思えるかもしれない。しかし、活字の文書には、細い字体や太い字体など異なる字体の文字が混在しているものもあり、それらの字体のパターンを覚え込ませなくてはならない。

Ⓓ この変換作業は簡単そうに思えるが、実は難しい作業である。手書きの文字の場合、人によって字の癖はさまざまであり、それらを読み取るためには、あらかじめいくつものパターンを認識させておかなくてはならない。

膨大な量のパターンを覚え込み、素早く処理できるようになったのは、21世紀に入ってからのことである。

問 上のⒶ～Ⓓを並べ替えて、意味の通る文章にしなさい。

〔　　〕→〔　　〕→〔　　〕→〔　　〕

2分読んで、答えが決まったら次のページへ

Q1 答え Ⓐ→Ⓓ→Ⓒ→Ⓑ

「**これは**」で始まるⒶは、OCR がどういうものかを説明する文なので、最初にくるのはⒶだと予測できます。次に、Ⓓの「**この変換作業**」に注目します。「**この**」とあるので、それより前に変換作業に関する説明があるはずです。Ⓐに「**文字データに変換する技術**」という部分があるので、「Ⓐ→Ⓓ」という順番が決定します。Ⓒは「**手書きではなく活字であれば**」とあるので、手書きのことが出てくるⒹのあとに続きます。また、Ⓑの「**このようなことから**」は最後のほうで、まとめとして使われる言葉なので、「Ⓒ→Ⓑ」という順番がふさわしいといえます。

正しい順に直した文章

OCR という、文字を認識する技術がある。〔Ⓐこれは手書きの文字や印刷された文字を、コンピュータで利用できるデジタルの文字データに変換する技術である。〕〔Ⓓこの変換作業は簡単そうに思えるが、実は難しい作業である。手書きの文字の場合、人によって字の癖はさまざまであり、それらを読み取るためには、あらかじめいくつものパターンを認識させておかなくてはならない。〕〔Ⓒ手書きではなく活字であれば、認識も楽に思えるかもしれない。しかし、活字の文書には、細い字体や太い字体など異なる字体の文字が混在しているものもあり、それらの字体のパターンを覚え込ませなくてはならない。〕〔Ⓑこのようなことから、20 世紀の間は文字認識の精度がなかなか上がらなかった。〕膨大な量のパターンを覚え込み、素早く処理できるようになったのは、21 世紀に入ってからのことである。

ほら、読めたら
かっこよくなってきた

おわりに

たくさんの問題を解いてみていかがでしたか？　疲れましたか？
でも、きっと以前よりも「読解力」が身についているはずです。

少し時間を置いて、もう一度初めからやり直してみるのも
読解力を伸ばす一つの方法です。
「繰り返し」は力をつけるためには大事なことだからです。
ゲームが上手になるのも、歌が上手になるのも、「繰り返し」をするからなのです。

ここで、話をちょっと変えます。
私は普段、日本語教師という仕事をしています。
日本語を勉強している外国人に日本語を教える仕事です。

英語に英検®やTOEIC®という試験があるように、日本語を勉強している
外国人が受ける試験に「日本語能力試験」というものがあります。
その試験には、読解の問題があります。
読解の問題には、この本の問題と同じような形式のものが多数含まれています。
文章だけの問題から、図やグラフ、イラストから読み取るものまで多種多様です。

日本語能力試験を受ける外国人の学生たちに私が言っているのは、
「たくさんの問題を、繰り返し解こう」ということです。

この本を読んでいるみなさんにも、同じことを伝えたいです。
「早く上達したい」と思っている人には遠回りのように感じられるかもしれませんが、
「急がば回れ」ということわざがあるように、
面倒だと感じても地道にコツコツ進めていくことは大事なのです。

そしてその先には、
情報を正しく理解し、ほかの人にも正しく伝えられる自分の姿があります。
生きる力が今までよりもアップしている自分の姿があります。
それを信じて、がんばりましょう。

最後になりましたが、この本を作成するにあたり、
大井景湖さん、横山晶子さんからは読解問題の内容について
貴重なご意見をいただきました。
そして、企画・編集におきましては、
学研プラスの宮﨑純さん、中西亮太さんに多大なるご協力をいただきました。
心から感謝の意を表したいと思います。

西隈 俊哉

著……西隈 俊哉
装丁＋アートディレクション……寄藤 文平，垣内 晴（文平銀座）
本文デザイン……株式会社 デジカル
企画・編集……宮﨑 純，中西 亮太
編集協力……秋下 幸恵
校正……岡崎 祐二，上村 朋子，島崎 映子，平本 智弥
イラスト……ハザマ チヒロ
DTP……株式会社 四国写研
特別協力……小野 優美，上條 よし子，志村 星香，
難波 結里葉，吉川 悠悟

この本は下記のように環境に配慮して製作しました。
・製版フィルムを使用しないCTP方式で印刷しました。
・環境に配慮した紙を使用しています。

2分で読解力ドリル

⑧